直播运营实务

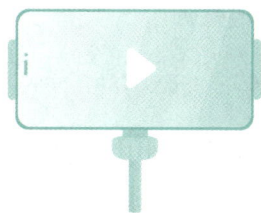

主　编　王燕灵　徐　欢

副主编　彭晶晶　信莉丽　汪弘扬

参　编　刘瑀钒　吕　兴　曾　晓　王　博

重庆大学出版社

图书在版编目 (CIP) 数据

直播运营实务 / 王燕灵，徐欢主编. -- 重庆：重庆大学出版社，2025.6. -- ISBN 978-7-5689-5289-7

I. F713.365.2

中国国家版本馆 CIP 数据核字第2025HT4282号

直播运营实务

ZHIBO YUNYING SHIWU

主 编 王燕灵 徐 欢

责任编辑：唐启秀　　　版式设计：唐启秀

责任校对：刘志刚　　　责任印制：张 策

*

重庆大学出版社出版发行

出版人：陈晓阳

社址：重庆市沙坪坝区大学城西路 21 号

邮编：401331

电话：（023）88617190　88617185（中小学）

传真：（023）88617186　88617166

网址：http://www.cqup.com.cn

邮箱：fxk@cqup.com.cn（营销中心）

全国新华书店经销

重庆华林天美印务有限公司印刷

*

开本：787mm×1092mm　1/16　印张：7.5　字数：153 千

2025 年 6 月第 1 版　　2025 年 6 月第 1 次印刷

ISBN 978-7-5689-5289-7　定价：30.00 元

前 言

党的二十大报告强调：加快发展数字经济，促进数字经济和实体经济深度融合，打造具有国际竞争力的数字产业集群。习近平总书记关于数字经济发展的一系列重要论述，为大力发展数字经济提供了理论指导和行动指南。在数字化浪潮的推动下，直播已成为连接品牌与消费者、内容创造者与观众之间的桥梁。它不仅改变了人们的消费习惯，也为营销和传播领域带来了革命性的变化。正是在这样的背景下，我们编写了《直播运营实务》这本教材，旨在为有志于深入了解并从事直播行业的读者提供全面而实用的指南。本书的亮点主要体现在以下三个方面。

实操导向：本书强调理论与实践的结合，通过大量的案例分析和操作指南，使读者能够快速掌握直播运营的核心技能，从策划到执行，再到效果评估，每一步都详细讲解，确保读者能够将所学知识应用于实际工作中。我们深入分析了直播行业的最新趋势和未来发展，包括技术革新、市场变化以及用户行为等，帮助读者建立起对行业的深刻理解，从而在竞争激烈的市场中脱颖而出。

策略规划：书中详细介绍了直播运营的策略规划，包括内容创作、观众互动、品牌合作等多方面的策略，指导读者如何制订有效的运营计划，提升直播的影响力和商业价值。结合国内外成功的直播案例，分析其成功要素，同时不回避失败案例的教训，让读者能够从中学习到宝贵的经验。鼓励读者跳出传统思维模式，探索直播领域的创新可能。无论是在内容形式、互动方式还是商业模式上，本书都提供了丰富的灵感和思路。

风险管理：直播行业的快速发展也伴随着各种风险，木书特别关注风险管理，从法律合规到危机应对，提供了一套完整的风险管理框架，帮助读者识别和规避潜在风险。深度挖掘直播运营各个环节中专业知识教育与价值教育的融合点，将社会主义核心价值观渗透到教材内容中，将"立德树人"基本要求贯穿于教材编写的全过程。

随着直播电商的不断发展，直播运营的理论和实践方法也在不断迭代。我们相信，《直播运营实务》将成为您进入直播行业的得力助手，帮助您在这个充满活力的领域中取得成功，希望这本书能够激发您的创造力，引领您走向更加辉煌的未来。本书的编写参阅了最新的行业报告及国内外学者的文献资料，由武汉轻工大学的王燕灵、徐欢担任主编，武汉广播电视台彭晶晶、武汉轻工大学信莉丽、汪弘扬担任副主编，湖北大学刘瑀钒、武汉轻工大学吕兴、湖北经济学院曾晓、中南财经政法大学王博参编。尽管我们在编写过程中力求完善，但书中难免有疏漏与不足之处，恳请各位专家和广大读者批评指正。

编　者

2025 年 1 月

目 录

项目一　直播基础认知与商业模式选择

学习目标

1. 全面了解直播的定义、起源、发展历程及其核心技术，形成对直播行业的整体认识。

2. 掌握直播的特点和优势，如实时互动、信息传播速度快、观众参与感强等，明确直播在媒体和电商领域的应用价值。

3. 了解直播行业的现状，包括市场规模、用户规模、主要参与者及竞争格局，把握行业的发展动态和趋势。

任务描述

1. 建立对直播行业的基础认知，通过介绍直播的概念、特点和发展历程，使读者对直播行业有一个全面的了解。此外，对不同直播平台的特色和商业模式进行分析，了解各大直播平台的用户群体和特点，以及它们的商业模式和盈利方式，为读者未来在直播行业的发展和运营提供参考。

2. 回忆你观看过的印象比较深刻的直播电商活动，结合直播电商的概念、发展史，了解直播电商的概念和类型以及直播电商的行业优势和发展趋势。

任务 1　直播电商行业现状及发展趋势分析

中国互联网络信息中心（CNNIC）发布的第 53 次《中国互联网络发展状况统计报告》显示，截至 2023 年 12 月，我国网民规模达 10.92 亿人，网络视频用户规模达 10.67 亿人，短视频用户规模达 10.53 亿人，网络直播用户规模达 8.16 亿人，网络支付用户规模达 9.54 亿人。作为当下体验经济的重要组成部分，直播所带来的新的媒介现实，成为吸引人们参与网络直播的源泉。与以往的媒介形态相比，网络直播所呈现的媒介真实具有三大特点：图像化、即时性和双向参与。这三个特点共同建构了网络直播所提供的媒介真实。

第一，图像化。直播技术使得人们在互联网的日常交往过程中，经历了"文字文本—语音/图片/表情包—短视频"等互动方式的跨越。第二，即时性。网络直播实现了在虚拟平台上的即时视频沟通。这种"即时性"反映了现场直播的事实，而这一事实则建构了媒介的现场感。第三，双向参与。双向参与是指在网络直播的互动过程中，主播所在的生活世界成为视频呈现的主要内容，受众则通过发送弹幕和虚拟礼物两种形式直接与主播进行互动。这意味着，借由传播技术的发展，电视等传统媒介图像文本生产过程中的"中间人"（制作人）走向幕后，"演员"和受众之间实现了直接的"面对面"互动。

一、网络直播的概念、特点及发展历程

直播是一种通过网络实时传输视频和音频的技术，它使人们可以在世界的任何地方即时分享和观看视频内容。直播可以用于各种各样的场合，包括新闻报道、体育赛事、音乐会、教学活动，以及个人或专业的日常活动。直播的概念已经改变了人们获取和分享信息的方式，为全球的互动和交流开辟了新的途径。

随着互联网的发展，直播已经成为一种重要的社交媒体形式。从商业活动的直播推广，到个人分享生活的Vlog，再到政府或非政府组织进行公开演讲或发布公告，直播的应用场景极其广泛。直播不仅能够让信息的传播速度更快，覆盖范围更广，还能够实现与观众的实时互动，使信息传播的过程更加生动有趣。

直播者通过网络直播平台或直播软件来推销相关产品，使受众了解产品各项性能，从而引发购买商品的交易行为，可以统称为直播电商。

更进一步来说，直播电商是电商企业平台推出的以直播形式销售商品，以高互动性、娱乐性、真实性和可视性为特点，以提高消费者购物体验为目的的营销模式，也是数字化时代背景下直播与电商双向融合的产物。直播电商以创新的方式重新定义了"人、货、场"。

然而，直播也面临着一些挑战。由于信息的传播速度快、覆盖面广，一些不适当或错误的信息可能会在短时间内传播到大量的人群中。此外，如何保护直播中的个人隐私，防止不良信息的传播，也是需要考虑的问题。

总的来说，直播作为一种全新的信息传播方式，已经在全球范围内产生了深远的影响。它改变了我们接收和分享信息的方式，带来了新的机遇，也带来了新的挑战。

二、网络直播的类型与直播平台介绍

（一）网络直播的类型

直播是一种内容传播的展现形式，它为所有用户乃至行业提供了一个可以展现自我、展现才艺、展现商品等内容的网络平台，同时又可以将用户与内容交互在一起，内容服务于用户，用户又为内容埋单。电商直播是以直播的形式搭建新的购物消费场景，使"内容输出"到"订单支付"更加便捷，创造出新的流量入口。同时直播的强交互性和内容的强互动性，刺激用户需求，产生消费，实现最大程度的变现。

直播平台有以下几种（图 1-1），直播类型主要是娱乐直播，包括唱歌、跳舞、表演等；教育直播，如在线教学、讲座等；游戏直播，玩家在玩游戏的同时进行直播；新闻直播，新闻发布会或者其他新闻活动的实时报道等。

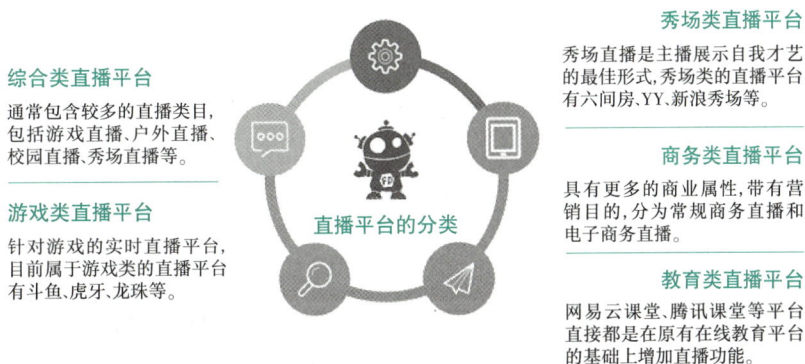

综合类直播平台
通常包含较多的直播类目，包括游戏直播、户外直播、校园直播、秀场直播等。

游戏类直播平台
针对游戏的实时直播平台，目前属于游戏类的直播平台有斗鱼、虎牙、龙珠等。

秀场类直播平台
秀场直播是主播展示自我才艺的最佳形式，秀场类的直播平台有六间房、YY、新浪秀场等。

商务类直播平台
具有更多的商业属性，带有营销目的，分为常规商务直播和电子商务直播。

教育类直播平台
网易云课堂、腾讯课堂等平台直接都是在原有在线教育平台的基础上增加直播功能。

直播平台的分类

图 1-1　直播平台的分类

直播平台也有很多，比如在中国，斗鱼和虎牙是最受欢迎的游戏直播平台，而像一直播、映客等则是以娱乐直播为主。国际上，Twitch 是知名的游戏直播平台，而 YouTube 和 Facebook 也提供直播服务。每个直播平台都有其特色和所吸引的观众群体，选择哪个平台进行直播，需要根据内容和目标观众来决定。

除了这些，还有其他类型的直播，例如运动直播，观众可以看到各种体育比赛的实时直播，比如篮球、足球等；烹饪直播，观众可以看到厨师现场制作美食；旅游直播，旅行者可以分享他们的旅行经历和景色。直播的形式和内容可以极其丰富多样，几乎可以满足各种口味的观众。

直播平台也在不断地发展和创新，以吸引更多的用户和主播。例如，一些平台可能会提供更好的互动功能，让观众可以实时与主播互动，甚至可以通过打赏等方式支持他们喜欢的主播。另一些平台则可能更注重社区建设，让观众和主播可以建立更紧密的联系。不同电商直播平台受众、特征等的差异见表 1-1。

表 1-1　不同电商直播平台受众、特征等的差异

平台	抖音	快手	小红书	淘宝
人群差异	用户群体主要集中在 19～35 岁，三四线城市用户群体较大。男女比例较为均衡，用户偏好的视频类型排名前三的是演艺、生活、美食类视频。	用户以 31 岁以上人群为主向两端辐射，男性用户占比 55.8%，女性用户占比 44.2%，男女比例差别不是特别明显。地域分布：一线城市的用户占比最小，只有 9.2%，三线城市的用户占比最多，高达 22.2%，用户主要集中在三线及以下城市。	用户主要在高线城市，女性为主。兴趣类型聚焦于时尚、美妆、护肤、生活方式。月活跃用户达 2.6 亿，日活跃用户破 1 亿。用户高净值、高品质、高追求。	拥有庞大的用户基础，覆盖各个年龄层和地域。淘宝直播侧重于购物需求明确的人群，强调商品交易。
平台特性	极高的内容消费时长、极短的内容转化路径。主打短视频，注重创意和娱乐性。内容涵盖生活、美食、旅行等多个方面。	内容圈层认同感强，构建的老铁文化更贴近社会生活、民生状态，内容去中心化。以短视频为核心，更接地气。创作者占比超 50%，用户覆盖广泛，内容多元，突出普通人的生活记录。	以图文和短视频为主，从标记生活到生活指南，重视深度内容。用户分享生活方式、美妆、时尚等内容，注重测评和使用心得。扶持内容生产、扶持商业化。	以直播为主，重点在于商品展示和销售。内容围绕商品介绍、使用演示、优惠活动等。
推广方式	直播投放、视频引流。通过短视频和直播带货，利用算法推荐系统迅速触达广大用户。平台具有强大的流行话题生产能力，曝光度高。	通过短视频和直播带货，内容更贴近普通人的生活。用户参与度和黏性高，特别是在北方地区影响力大。	结合社区讨论和种草文化，通过图文和视频深度种草。用户消费能力强，追求个性化和高品质生活。	以直播为主，强调专业化和场景化营销。结合电商平台的强大流量和交易闭环，转化率高。

续表

平台	抖音	快手	小红书	淘宝
平台优势	娱乐性强、创意交互玩法多,新鲜感强。算法推荐系统极其高效,能够迅速捕捉并推荐用户感兴趣的内容,从而保持用户的高度黏性和活跃度。	三四线城市创作者较多、新手友好、贴近社会生活和民生状态。平台内电商氛围浓厚,用户对直播带货的接受度高,转化率也相对较高。	用户主要是追求高质量生活的年轻女性,支付能力、转化率和客单价都较高。尤其适合做高客单价和非标准化的产品。	拥有庞大的用户基础和成熟的电商生态系统。直播带货功能强大,与电商平台无缝对接,提供各类营销工具,如直通车等,帮助商家提升曝光和转化率。
平台缺点	内容创作趋于饱和,大品牌和知名主播占据了大部分流量,新入者或小主播突破重围需要付出更多努力和时间。	广告和内容推广机制不如抖音成熟和高效,品牌和商家的选择也相对有限。内容质量参差不齐,高质量内容创作者相对较少,导致整体内容水平有待提升。	用户群体相对狭窄,主要集中于女性和年轻群体,其他人群的渗透率较低。种草笔记虽然受欢迎,但过于依赖社区口碑,一旦负面信息发酵,可能会对品牌造成较大影响。	流量成本较高,尤其是对于新店铺和中小企业来说,初期需要大量的营销投入才能获得显著的曝光。

（二）不同平台的发布运作规则

在了解了不同电商直播平台受众、特征等的差异之后,我们继续了解不同平台的发布运作规则。由于不同平台算法和机制不同,设计内容的时候需要注意细节和方法。我们以抖音、快手和小红书平台为例。

抖音和快手平台以自动（逐个）推荐为主,每个用户的喜好不同,会划走不喜欢的某类内容,所以内容推送会逐渐精准。抖音平台的算法推荐注重标签,倾向于推荐头部内容,内容质量成为算法推荐的核心评估指标。快手的去中心化推荐强调真实和普惠,更适合长尾内容。而小红书平台在用户注册时就让用户主动选择归属,用户和内容都会打上标签,一种（成群）兴趣的推荐会逐渐精准。内容热度则由用户群体的反馈行为（点赞、评论、分享、收藏等）和权重决定,这种产品形态决定了小红书内容筛选机制下针对封面及标题的评估。

价值类型的内容,首选小红书,可以同步其他平台;娱乐搞笑剧情型的内容,首选抖音和快手，但快手目前对创作者的扶持可能更多，建议集中一个平台起号，再分发，不要同时做多平台。

（三）直播电商运营的特点

随着消费者需求和购物习惯的不断变化，直播电商的优势逐渐凸显出来，而直播电商运营实务则是直播电商发展的核心。直播电商运营实务包括直播策划、主播招募、产品选品、直播推广、直播销售等方面。其中，直播策划是直播电商运营实务的基础，主要涉及直播内容、直播形式、直播时间等方面。直播内容是直播电商运营实务的核心，直播内容的好坏直接影响到直播电商的用户体验和销售效果。因此，直播策划必须考虑到用户的需求和兴趣点，保证直播内容的丰富性和吸引力。

主播招募是直播电商运营实务的重要环节。主播是直播电商的核心资源，拥有一支优秀的主播团队是直播电商成功的关键。因此，企业在进行主播招募时，必须考虑主播的实力、知名度、粉丝数等方面的因素，并进行综合评估，选择最合适的主播进行合作。直播平台、主播、用户（消费者）三者之间的关系见图1-2。

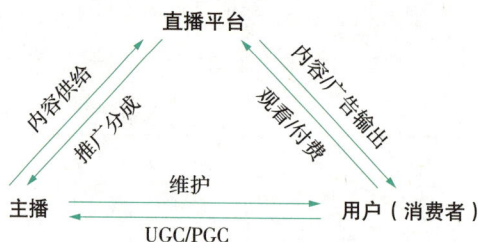

图1-2 直播平台、主播、用户的双向互通关系

产品选品是直播电商运营实务的关键环节之一。产品的质量和选择直接关系到直播电商的声誉和销售效果。因此，在进行产品选品时，要根据市场需求和用户兴趣点，选择高质量、有竞争力的产品进行推广和销售。

直播推广是直播电商运营实务的重要环节。直播推广的方式多种多样，包括社交媒体推广、广告投放、线下宣传等。在进行直播推广时，要根据目标用户的特点和兴趣点选择最适合的推广方式，提高直播电商的曝光度。

直播销售是直播电商运营实务的核心环节。直播销售的成功与否，直接关系到直播电商的收益和发展。因此，在进行直播销售时，要充分考虑用户的购物体验，提高用户的满意度和信任度，从而提高销售的成功率。

直播电商运营攻略步骤见图1-3。

账户运营 —— 引流效果初显

账户运营 —— 人设、个性、风格

账户运营 —— 短视频吸粉

直播间包装、选品 —— 设备、环境、风格

直播间包装、选品 —— 品类、测评、优惠、秒杀

脚本内容策划 —— 计划节点

脚本内容策划 —— 销售文案

脚本内容策划 —— 促销方案

直播电商运营步骤

在线直播 —— 开播引流、标题封面

在线直播 —— 互动、引导

在线直播 —— 场控、节奏、成交

数据分析 —— 复盘分析、驻留时间

数据分析 —— 互动率、转粉率、转化率

后端维护 —— 问题处理

后端维护 —— 粉丝群

后端维护 —— 风险管控

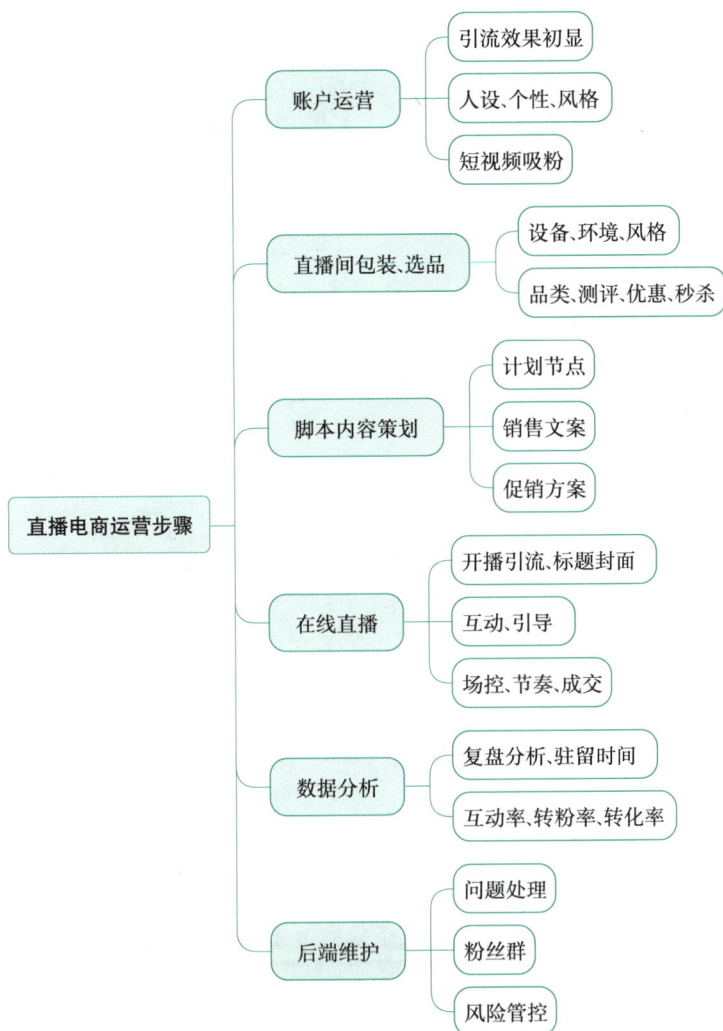

图 1-3 直播电商运营攻略步骤

（四）直播电商的"人""货""场"要素

1. 人

目前，直播电商的主播主要分为专业电商主播、网络"达人"、商家员工、名人、企业家、专家、主持人等类型。

头部主播数量较少，但其在粉丝数量、商品销售额上具有显著优势，面对商家和直播平台时，在商品价格和佣金分成上有较大的决定权。腰部主播数量较多，但其在粉丝数量、商品销售额上与头部主播的差距较大。尾部主播的粉丝数量和商品销售额就更少。

2.货

随着直播电商的迅猛发展，直播电商涉及的商品品类不断丰富，涵盖快消品、美妆、服饰、汽车、珠宝、3C商品、房产等多个品类，其中复购率高、客单价低、利润率高的品类在直播电商中更为受益。

3.场

直播电商购物场景的优势：良好的体验感、节约用户出行成本、价格优势。

直播电商直播场景的多元化：搭景直播、实体店直播、产地直播、供应链基地直播、档口直播、海淘现场直播。

任务2 直播运营商业模式选择

一、直播产业链模块分析

直播产业链（参考表1-2）主要由内容创作、内容分发、平台运营等几个核心模块组成。这些模块相互协作，共同构成了直播产业的基础，推动了直播产业的发展。

内容创作是直播产业链的第一环节。这个环节主要是由直播主播负责，他们通过自己的才艺、知识或者个性来吸引观众，为平台带来流量。在这个过程中，主播的表现力和互动能力是非常重要的，他们需要通过各种方式来吸引和保持观众的注意力。

内容分发是直播产业链的第二环节。这个环节主要是通过各种直播平台将主播的直播内容推送给广大观众。在这个过程中，直播平台的技术实力非常重要，它们需要有强大的服务器和网络设施，以保证直播内容的流畅传输。

平台运营是直播产业链的第三环节。这个环节主要是直播平台通过优化算法、提供稳定的技术支持等方式，为主播和观众提供良好的直播体验。平台需要有良好的用户界面，提供丰富的功能，并且能够根据用户的喜好推荐合适的内容。

表 1-2　对直播产业链各模块的拆解

模块	功能描述	关键要素
内容创作与呈现	主播或创作者负责内容的策划和制作，包括话题选择、节目流程设计等。	主播/创作者、内容策划、直播工具、视觉包装

续表

模块	功能描述	关键要素
平台运营与管理	直播平台的运营管理，涉及用户管理、内容监管、数据分析和商业合作等。	用户管理、内容监管、数据分析、商业合作
用户互动与社交	提供用户与主播及其他观众之间的互动渠道，包括实时互动和社交功能。	实时互动（弹幕、礼物、点赞）、社交功能（关注、私信、社群）
商业变现与推广	通过广告、商品销售和虚拟礼物等方式实现商业盈利，同时进行品牌推广。	广告营销、商品销售、虚拟礼物
技术支持与服务	提供直播所需的硬件、软件和网络服务，以及后续的技术服务和支持。	硬件设备、网络服务、技术服务
周边服务与生态	提供数据服务、营销服务和客服支持等周边服务，构建直播产业的生态系统。	数据服务、营销服务、客服支持

二、直播运营商业模式探讨

直播运营商业模式主要是广告收入模式、付费订阅模式、虚拟商品销售模式和平台对战模式，常见的直播运营商业模式见表 1-3。

表 1-3　常见的直播运营商业模式

商业模式	描述	关键要素
广告收入	直播平台通过播放广告、品牌推广等方式收取广告费。	广告主、品牌商、平台广告系统
打赏分成	观众通过购买虚拟礼物对主播进行打赏，平台与主播分成。	虚拟礼物、打赏系统、分成比例
会员订阅	用户支付一定费用成为会员，享受特权服务，如无广告观看、专属内容等。	会员费用、特权服务、订阅管理
直播带货	主播在直播中推介商品，观众可通过链接购买，主播或平台获得销售提成。	电商平台合作、商品供应链、销售提成
付费内容	主播提供高质量或专业内容，用户需付费才能观看。	付费壁垒、内容质量、付费内容管理
品牌合作	直播平台与品牌商合作，进行联名活动、定制内容等。	品牌商、合作策划、内容定制
数据服务	提供用户数据分析、直播统计等服务，帮助主播和广告商优化直播效果。	数据分析工具、报告生成、数据咨询服务
综合运营	结合多种商业模式，形成多元化收益渠道。	多渠道收益、运营策略、资源整合

广告收入模式是最早也是最普遍的直播运营商业模式。在这种模式下，直播平台通过在直播内容中插入广告，从而获得广告商的付费。这种模式的优点是可以为平台带来稳定的收入，但缺点是可能会影响用户的观看体验。

付费订阅模式是近年来逐渐流行的一种运营模式。在这种模式下，用户需要付费订阅某个主播或者频道，才能观看其直播内容。这种模式的优点是可以为平台提供更稳定的收入，同时也可以提高用户的黏性。但是，这种模式的推广难度较大，需要有高质量的内容来吸引用户付费。

虚拟商品销售模式是直播平台的另一种重要收入来源。在这种模式下，用户可以在平台上购买虚拟商品，如礼物、贴纸等，送给主播。这不仅可以增加平台的收入，同时也能提高用户的活跃度和互动性。

平台对战模式是一种新兴的商业模式，主要用于游戏直播平台。在这种模式下，用户可以付费参加平台组织的各种比赛，赢得比赛的用户可以获得奖励。这种模式的优点是可以提高用户的参与度和黏性，但需要平台有较强的组织和运营能力。

总的来说，以上这些模式都有各自的优点和缺点，平台需要根据自身的特点和用户需求，选择合适的商业模式进行运营。

三、直播产品供应链构建

直播产品的供应链构建涉及多个步骤，直播产业链模型的构建流程见图1-4。首先，需要确定产品的定位和目标市场。其次，需要进行市场调研，了解目标用户的需求和偏好。然后，根据这些信息设计和开发产品。在产品开发完成后，需要进行市场推广，以吸引用户。最后，需要进行售后服务，以保持用户满意度和忠诚度。在整个过程中，需要不断收集和分析用户反馈，以便进行产品优化和改进。

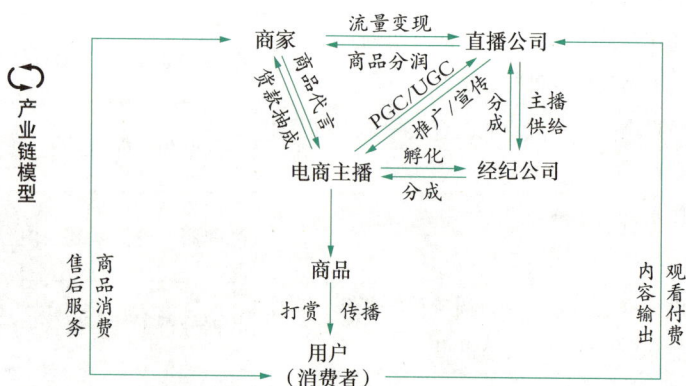

图1-4　直播产业链模型的构建流程

在直播产品的供应链构建中，技术支持也起着至关重要的作用。产品的质量和用户体验在很大程度上取决于技术的可靠性和稳定性。因此，需要有一个技术团队专注于解决技术问题，持续改进产品性能，并确保产品能够满足用户的期望。同时，对于直播平台来说，内容创作者也是关键的一部分，因为他们提供了吸引和保持用户的内容。因此，平台需要与这些内容创作者建立良好的关系，给予他们必要的支持，以确保他们能够持续提供高质量的内容。

在选择直播运营商业模式时，应全面考虑以上各方面因素，结合具体业务需求和资源条件，制定合理的策略。例如，对于一家初创的时尚品牌来说，小红书可能是一个更好的起点，因为它聚焦于年轻的女性消费者，强调生活方式和品质；而对于希望迅速扩大影响力的电子产品商家，则可能更倾向于选择用户基数更大的平台。以下七点需要注意。

（1）明确目标受众：了解目标观众是谁，他们通常使用哪些平台。

（2）考虑产品类型：是否为实体商品、服务或内容，这将直接影响平台的选择。

（3）评估平台特性：包括用户基数、技术支持和市场定位。

（4）商业模式与收益：考虑通过何种方式盈利，如广告、品牌合作、打赏或商品销售。

（5）分析市场竞争：观察竞争对手的平台选择和策略。

（6）遵守法规政策：确保平台操作符合当地的法律和政策。

（7）考虑长远发展：平台的可持续性和未来发展潜力。

简而言之，选择适合自己产品和目标市场的平台，利用平台的用户和技术优势，制定符合当地法规的可持续商业策略。

✿拓展训练

1. 结合具体案例分析在内容、功能、商业化和用户体验等方面，短视频与直播如何实现互补和增强，从而为用户提供更加丰富多元的内容形式和更好的观看体验。

2. 某初创企业要推出一款健康饮品，企业希望利用直播平台来增加品牌曝光度并推动产品销售。目前，它们主要考虑使用抖音或快手进行直播带货。问题：a. 分析抖音和快手两个平台在用户基础、互动方式、内容特点等方面的主要差异。b. 讨论这两个平台各自的盈利模式及其可能对初创企业销售策略的影响。c. 基于以上分析，提出选择哪个平台更合适，并说明理由。

3. 一家专注于户外运动装备的中型企业计划扩展其在线市场份额，它们拥有丰富的产品线和高质量的产品视频内容。公司希望建立一套多平台直播策略，以覆盖更广泛的消费者群体。问题：a.选择至少三个适合推广户外运动装备的直播平台，并说明选择的理由。b.设计一个多平台直播策略，包括各平台的角色定位、目标受众、内容形式和互动方式。c.讨论如何衡量这一多平台直播策略的效果，并尽可能地提出优化方法。

◈ 任务总结

通过本项目的学习，我们认识了直播电商，了解了直播电商的基本概念、类型和特点，掌握了直播电商的行业发展现状和发展趋势。通过学习直播电商的基本概念、类型和特点，了解直播电商的过去、现在和未来，是在直播电商行业生存的必要条件，直播电商发展趋势见表1-4。

表1-4 直播电商发展趋势

发展趋势	详细描述
市场规模	直播电商市场规模持续扩大，2023年市场规模达4.9万亿元，同比增速为35.2%。
用户规模	2023年中国网络直播用户规模达到8.16亿人，较2022年增长74.7%。
平台竞争	抖音、快手、淘宝占据市场主导地位，形成三足鼎立的竞争局面。
店播趋势	品牌商多平台布局直播电商业务，店播市场规模占比超五成。
技术支持	技术加码使直播电商全流程趋于数字化、智能化，引领行业高效运营。
资本支持	资本机构逐步青睐服务商，核心服务商产业投资风起，行业生态共建加速。
政策监管	政策压实参与主体的相关责任，指引行业规范化发展。
用户需求	消费者在形成购买决策时会考虑多重因素，品牌商精准捕捉消费者需求的难度增大。
内容创新	未来直播电商行业将更加注重用户体验和内容创新，通过丰富多样的直播形式和优质的产品推荐，提高消费者的购买意愿和忠诚度。
区域竞争	直播电商产业主要聚集在浙江、广东，杭州、广州扎堆现象显著。

认识直播运营

项目二   账号搭建与短视频起号

学习目标

1. 账号定位与品牌打造：学会确定账号的定位，包括主题领域、目标受众以及风格设定，并能够通过账号名称、头像、简介等元素打造统一的品牌形象。掌握短视频内容的创意开发与策划，能够根据热点、用户偏好和账号定位进行选题开发。

2. 发布策略与互动管理：理解发布时间、频率的重要性，并能够制订出适合自己账号的发布计划。同时，学会如何管理用户互动，包括回复评论、激发用户参与和增加粉丝黏性。

任务描述

1. 完成账号的注册和基本设置，包括头像、昵称、简介等。制订一份短视频起号的计划，包括选题、拍摄计划、预期效果等。

2. 拍摄并剪辑一段短视频，要求内容健康、积极，符合平台规定。分析自己的短视频，包括观看量、点赞量、评论量等数据，提出改进方案。通过课堂讨论或小组合作，分享自己的运营经验，学习他人的优点。

任务 1   账号定位与搭建

基于 UGC（User Generated Content，即用户生成内容）的内容电商是指内容平台通过各种分成或者激励政策，吸纳内容创作者加入并积极进行内容原创，使用户在阅读内容的过程中实现内容变现。在这种内容电商模式下，内容平台本身不生产内容，只负责主导内容的聚合、分发、变现及利益分成。而内容生产者往往依附于平台，负责生产各种图文、视频或者直播等内容。例如今日头条是一款基于数据挖掘的推荐引擎产品，为用户推荐有价值的、个性化的信息，是连接人与信息的新型服务平台。今日头条以用户为中心，对用户社交及其阅读行为进行分析，根据年龄、职业、地理位置等基本信息挖掘并解析用户的兴趣点和关注点，更新用户的兴趣模型，建立用户的基础兴趣图谱，完成内容电商的个性化资讯推荐。

UGC 和 PGC（Professional Generated Content，即专业生产内容）的区别本是指有无专业的学识、资质，在所创作内容的领域是否具有一定的知识背景和工作资历。但在实际的内容创作中，二者并没有明显的界限，有些时候 PGC 是 UGC 中的一部分，只是这部分内容相当精彩和稀缺。本书认为基于 PGC 的内容电商是指通过提供更高质量的、具有品牌调性的、人格化的内容，与消费者建立情感连接，以用户运营为中心的内容电商模式。

基于 PGC 的内容电商模式的基础在于不断生产有人格、有态度的内容，而且这些内容有别于 UGC 平台中大众生产的、质量不高的内容。这需要一整套完整的、专业的内容生产团队和选题创作机制。例如，有些知识分享型内容以为受众提供有趣的信息为口号，选题广泛、思路开阔。节目常常以故事、观点或者现象为引子，旁征博引地对历史事件、社会现象、行业问题进行独到的剖析和把握。

一、账号内容定位的重要性

无论是哪一种内容，创作之前都最好有一个方向。如何找到这个方向？先要看自己对哪个方面更感兴趣，并且擅长，根据你自己的擅长点或者兴趣爱好来做选择。当然也要从内容本身出发，明白自己是否是真的合适再做定夺，要理性地对自己和内容进行分析。定位的重要性表现在以下几个方面。

（1）更懂自己：准确认识自己，不低估、不高看，集中优势办大事。

（2）差异化：与同类博主区分明显，更容易体现价值、吸引流量。

（3）目标清晰：变现方式更清楚，目标群体精准，转化能力强。

做好定位也明确了如何在潜在顾客的心中做到与众不同，能够非常清楚地知道我是谁，我能提供什么价值和服务，我的粉丝是谁、他们有什么需求，最终达到的目的是同等播放量的内容涨粉更多，同等粉丝量级变现能力更强。

一般来说，定位包含了以下三个方面的内容。

1. 品类定位

顾名思义，所谓的品类就是指账号经营的类型。比如，你是想做生活类的、情感类的，还是搞笑类的？只有首先确定了账号的类型，明确了大致的方向后，才能根据这个方向去思考具体的内容生产。需要注意的是，品类的范围并不是固定的，它可大也可小。比如，你可以把自己的账号定位在"唱歌"方面，也可以再细化一下，把自己的账号定位为"唱山歌"类型。

2. 内容定位

在现实的生活中，许多运营者经常会犯的一个错误就是随手拍一个视频立马就上传，这种不看内容也不做定位，想拍什么就拍什么的任性是十分不可取的。如果说品类定位是搭建框架的话，那么内容定位就是在这个框架内浇筑混凝土。在进行内容定位的时候，要始终牢牢把握一点，就是你准备给受众传递怎样的价值。在如今内容为王的时代，只有别人看完你的账号后觉得有内容、有价值、能打动自己，他们才会愿意关注你。

3. 风格定位

这不仅能够奠定账号的基调，也决定了账号将会产生怎样的效果。那么，究竟什么是风格定位呢？从字面上来理解，其实就是你将选择怎样的风格来表达你的内容。比如，你是准备用一段完整连贯的视频，还是用一张张串联起来的图片？你是准备真人出镜，还是戴着卡通面具出镜，或者干脆不出镜？你是想渲染浪漫唯美，还是选择搞笑整蛊？你的画面是彩色的，还是黑白的？

二、如何做账号定位

1. 选择合适的平台

对目标受众进行深入的分析，包括他们的年龄、性别、兴趣爱好、消费习惯等。考虑自媒体账号的内容定位是否与平台的主要功能和用户期望相匹配。比如，偏向生活方式分享的内容更适合小红书，而趣味性、娱乐性强的内容更适合抖音。评估所选平台的发展潜力和竞争程度，新兴平台可能更容易获得初期流量支持，而成熟平台则可能需要更高的内容质量来突出竞争。

2. 账号定位与品牌建设

根据内容明确账号的主题定位，如美食制作、户外运动、科技评测等。一个清晰的内容主题有助于吸引并留住目标受众，而通过独特的视角、风格或表现形式展现内容，可以形成差异化的个性化特征。例如，可以通过特定的语言风格、视觉特效或内容的呈现方式来区分。保持各个平台间品牌形象的一致性，包括账号名称、头像、介绍及发布内容的风格的一致，以加强品牌的识别度和影响力。

3. 做账号过程中的定位问题

（1）自己这个也会点，那个也会点，什么都懂，但不知道做什么。

（2）自己有产品要卖，但讲产品没人看，不讲产品讲什么呢？

（3）图文和视频都做过，觉得图文更简单，但视频涨粉更快，应该怎么选择？

（4）Vlog 和口播不知道选什么做。

（5）有爆款有粉丝，但一直没有变现。

（6）爆款内容很偶然，但数据一直很不稳定。

定位的目的是认知管理，是通过可以设计出来的形象和内容，管理别人的想法，让他们记住、喜欢、相信并支持。所以首要解决的问题是你想管理你粉丝的哪项认知？你有能力管理他们的哪项认知？

4. 内容策略与互动

制订内容生产计划，保证内容的原创性、专业性和趣味性，同时确保定期更新，维持账号活跃度。通过评论回复、用户调研、投票等方式增强与用户的互动，收集用户反馈，用于优化内容和增进用户黏性。充分利用平台特有的功能和工具，如直播、短视频、专题合作等，增加内容的曝光率和参与度。

三、如何树立人设

在自媒体时代，随着内容渠道的垄断性被打破，用户可以接触到的内容总量变得越来越庞大，于是内容变得不再稀缺——尽管它们在质量上良莠不齐，但无论是"良"的内容还是"莠"的内容，其可选范围都非常广。观众的层次、偏好等涵盖的范围很广，因此内容的质量并不是吸引用户的唯一因素。真正吸引用户的是符合其层次、偏好，能够激发其共鸣、引发其认同感的内容，这样的内容才是具有稀缺性的——即内容的"魅力人格"。由此，在形式上具有浓郁个人色彩的自媒体十分适合成为展现"魅力人格"的载体。

内容电商的核心竞争力与核心价值是"人"，一个被万千粉丝喜欢、信任、依赖的"人"。淘宝自诞生至今已经走过了 20 年有余，最初的淘宝是线下店的线上化，简单地说就是互联网的货品档口。而今的淘宝，已经由一个纯电商平台逐步演化成一个内容电商平台，完成了从以货品为中心逐步向以人为中心的运营模式的转变。在近两年里，淘宝大力扶持特色商家和内容达人两类群体，实现内容化战略。整个消费群体对有"个性"及"设计"的产品的需求量增长，同质化的产品已经很难吸引消费者的兴趣。在这样的背景下，淘宝平台必须扶持特色商家；同时为了让消费者停留和"逛"电商，提供优质商品鉴赏、体验、经验分享的内容达人是必不可少的。

如何打造人设呢？最好是要找出创作者本身招人喜欢的点，然后去放大它适合什么样的一个状态，是高冷、幽默还是俏皮。这需要创作者在做内容输出的过程之中进行提炼和增加打磨，一旦确定了就要反复强调。最好可以和创作者合二为一，在自己的内容中做到强化人设。风格也是定位的一部分，怎么找到自己的风格呢？前期可以多看多学，寻找做内容的感觉，然后慢慢找到自己的风格，不断地迭代和创新直到完全定下风格。风格最好和别人不一样，将这个风格打造成为你的特色记忆点，可以是一副眼镜、一个帽子、一个动作、一句口号，眨眼、抓耳等一系列能触及不同感官体验的一种表达，一定要经常出现在你的内容之中，需要反复地强调来强化记忆。

记忆点能使别人没看你的短视频，但看到其他相似东西出现的时候第一时间想到你，这就是一个成功的记忆点。除了定位，目标很重要，一定要给自己定一个小目标，完成之后不断地给自己定出新的目标，这样你可以很清晰地看到自己的进步。同时要知道自己到底想要什么，是传播还是记录？观众看到之后可以给他们带来什么样的东西？是美好的向往、特殊的技能还是快乐或者是感悟，这样既能保证做内容的整个过程是一个向上走的状态，还可以让自己的内容充满灵魂和朝气。可以按照人设 IP 九宫格思维导图，仔细规划好内容方向、内容特点、内容模板，就能清晰地找到适合自己的主播人设定位。

自媒体在搭建账号时需要改进的方面包括明确定位与目标、个性化的形象设计、提高内容质量、积极互动与回应、多平台传播、数据分析与优化以及持续学习与更新。通过这些改进，自媒体账号可以更好地吸引读者的关注和支持，提升影响力和关注度。同时，借鉴国内自媒体成功案例的经验和教训，也是改进的重要途径，可以不断优化自身的策略和方法。

如何用 AI 赋能
自媒体账号

🏠 拓展训练

1. 多平台运营的挑战：若同一内容需要在多个平台运营，请讨论如何保持内容的一致性同时又能适应各平台的特性？结合具体平台特点说明。

2. 讨论分析账号搭建的目的，试着完成下面的表格。

Step1　做账号的阶段性目的		
长期目标	中期目标（3～6 个月）	短期目标（1 个月）

续表

Step2　垂直赛道

Step3　内容形式		
图文（一直在做）	短视频（准备尝试）	直播

Step4　变现方式（4选1或4选2）			
品牌广告 （短视频植入/定制）	带货（短视频/直播）	知识付费（短视频/ 直播/私域）	其他

Step5　做账号的内在动机（如赚钱、成为网络达人、获取社交资本）

Step6　做人设的目的（3选1或3选2）		
让人记住（人/场景/内 容差异化）	让人喜欢 （对标的讨喜人设）	让人信任 （背景资历/结果/我很专业/我很厉害）

Step7　我的定位		
我是谁	我能提供什么价值	我能提供什么服务

Step8　用户定位		
用户是谁（人群标签： 宝妈/白领）	用户需求（痛点/爽点/ 痒点+情感/生活/ 产品/行业）	用户场景 （失业/备孕/出门找钥匙）

Step9　一句话总结（我能帮谁解决什么问题）

任务2　寻找合适的对标账号

一、"对标"到底是什么

账号对标是指通过分析和模仿那些成功且与自己内容定位相似的账号，以提升自己的创作水平和商业变现能力。通过分析对标账号的热门选题和视角，可以为自己的内容创作提供灵感和素材。同时，借鉴对标账号的内容风格，如拍摄场景、服饰、动作等，可以使自己的内容更具吸引力。研究对标账号的用户定位、商业定位、人设定位等，可以帮助自媒体人更好地规划自己的账号发展路径。将对标账号的优点结合到自身账号中，不断调整和优化，可以形成独特的个人风格和优势。

选择与自己当前粉丝数量相近但稍高的账号作为对标对象，这样的目标更实际，也更容易实现。账号对标是一个系统的过程，它涉及内容创作、运营策略、商业变现等多个方面。正确实施对标策略，不仅能够提升自媒体账号的整体表现，还能在竞争激烈的市场中找到自己的定位，实现可持续发展。

二、短视频常见的内容类型

按照内容类型的不同，短视频可以分为生活类、颜值类、歌舞类、二次配音类、小剧场、知识派、美食类、时尚类等诸多类型。一般来说，有七种常见的短视频内容类型。

第一种，微纪录片型。内容制作精良，以纪录片的形式呈现，成功的渠道运营优先开启了短视频变现的商业模式，被资本争相追逐。

第二种，网红IP型。网红形象在互联网上具有较高的认知度，其内容制作贴近生活，庞大的粉丝基数和用户黏性背后潜藏着巨大的商业价值。

第三种，草根恶搞型。大量草根借助短视频风口在新媒体上输出搞笑内容，这类短视频虽然存在一定的争议性，但是在碎片化传播的今天也为网民提供了不少娱乐谈资。

第四种，情境短剧型。该类视频短剧多以搞笑创意为主，在互联网上有非常广泛的传播。

第五种，技能分享型。随着短视频热度不断提高，技能分享类短视频也在网络上有了非常广泛的传播。

第六种，街头采访型。街头采访也是目前短视频的热门表现形式之一，其制作流程简单，话题性强，深受都市年轻群体的喜爱。

第七种，创意剪辑型。利用剪辑技巧和后期创意，制作或精美震撼，或搞笑鬼畜，有的还加入解说、评论等元素，是不少广告主利用新媒体短视频热潮植入原生广告的一种选择。

三、账号对标的方式方法

（一）步骤一：参考简介等基本信息

（1）头像。头像作为用户识别账号的首要视觉元素，应与账号内容和风格保持一致。可以选择一张清晰的、有特色的或设计独特的个人照片。例如，李子柒的头像就采用了唯美的个人形象，与其内容风格高度契合。

（2）昵称。昵称需要简洁明了，易于记忆，同时能够体现账号的核心内容或特色。可以采用"昵称 + 垂直领域"或"昵称 + 目标人群"的形式，如"××拍视频"。

（3）简介。简介是向用户展示账号价值和吸引关注的重要文案。在撰写简介时，可以参考以下框架："我是谁？我能提供什么价值？关注我有什么好处？"通过简洁明了的语言，突出自己的优势和能为用户提供的价值。需要注意的是，如果拥有企业资质，可以认证蓝 V 并添加联系方式，但要避免使用同音字等可能被平台视为违规的行为。

（4）背景图。背景图应与账号的整体风格相协调，可以选择一张具有代表性的图片或设计图案，以增强用户的视觉体验。

（二）步骤二：内容选题、封面、规划

（1）内容选题。找到需求词，比如我要做一篇 ×× 的内容，×× 可以是母婴、露营或职场就业等，×× 作为需求词（关键词）需要满足持续性、实用性和利他性。比如我要做一篇简单美味的菜谱攻略，因为：我平时很爱做菜（持续性），也能做得很好吃，全家人都很喜欢（实用性），同样有信心可以教别人做好（利他性）。

（2）封面。封面图对于吸引用户点击观看内容至关重要。应选择一张高清、有吸引力的图片，并确保其与账号内容紧密相关。

（3）规划。在参考对标账号的内容规划时，可以关注其发布频率、内容类型和发布时间等要素。制订一个合理的内容规划有助于提升账号的活跃度和权重。

（三）步骤三：对应赛道的笔记风格

（1）语言风格。学习对标账号的语言风格，包括用词、句式、语气等方面。保持简洁明

了、易于理解的同时注重表达的准确性和生动性，可以参考一些优秀的文案或文章来提升自己的写作水平。

（2）排版设计。注意对标账号的排版设计，包括字体大小、颜色搭配、段落间距等。一个良好的排版设计能够提高用户的阅读体验并增加内容的可读性，可以运用一些排版工具或软件来辅助设计。

（3）互动方式。观察对标账号与粉丝互动的方式和频率，了解他们是如何回应评论、私信等问题的。积极与粉丝互动能够促进账号的发展，可以设置一些有趣的互动环节或话题来吸引粉丝参与讨论。

（4）持续更新。保持内容的持续更新是吸引粉丝关注的重要因素之一。参考对标账号的更新频率并结合自身实际情况，制订合理的更新计划以确保账号的活跃度和权重。

（5）创新尝试。在参考对标账号的基础上进行创新尝试也是必要的。可以尝试引入新的元素或话题到自己的内容中，以吸引更多用户的关注并形成独特的个人风格和优势。

（四）步骤四：账号运作模式

（1）运营策略。分析对标账号的运营策略，包括用户定位、商业定位、人设定位等方面。了解他们是如何通过精准的定位吸引目标受众的，以及如何通过有效的运营手段提升账号的影响力。同时，关注他们的互动方式和粉丝管理策略，以便更好地与粉丝互动并维护良好的社群氛围。

（2）商业变现。研究对标账号的商业变现路径，包括广告合作、电商带货、知识付费等方式。了解他们是如何通过多元化的变现方式实现盈利的，以及如何根据自身条件选择合适的变现方式。同时，关注他们的商业化程度和变现效果，以便评估自己的商业潜力和发展空间。

（3）技术应用。观察对标账号在技术应用方面的表现，包括视频剪辑、特效制作、数据分析等工具的使用情况。了解他们是如何利用技术手段提升内容质量和用户体验的，以及如何通过数据分析优化内容策略和运营效果。同时，关注他们在技术创新方面的尝试和探索，以便及时跟进行业趋势和技术发展。

（4）风险管理。学习对标账号在风险管理方面的经验和做法。了解他们是如何识别潜在风险并采取相应措施进行防范的，以及如何在面对危机时迅速应对并化解矛盾。同时，关注他们的合规运营情况，确保自己的内容和行为符合平台规则和法律法规要求。

（5）团队建设。了解对标账号的团队构成和职责分工情况。分析他们是如何通过高效的团队合作实现账号快速发展的，以及如何通过激励机制激发团队成员的积极性和创造力。同时，关注他们的人才引进和培养策略，以便为自己的团队建设提供有益的借鉴和启示。

（6）品牌建设。学习对标账号的品牌建设策略，包括品牌形象塑造和品牌传播等方面。了解他们是如何通过一致的品牌调性和视觉识别系统来建立和维护品牌形象的，以及如何通过多渠道传播扩大品牌知名度和影响力。同时关注他们在品牌合作方面的策略和案例，以便为自己的品牌建设提供有益的参考和借鉴。一个优秀账号的成长路径如图2-1所示。

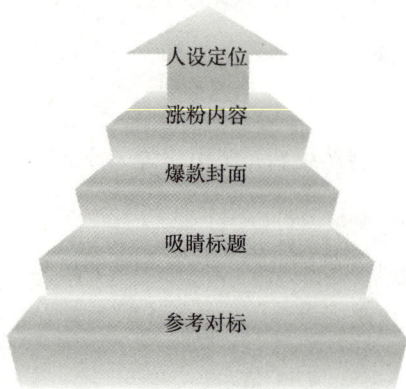

图 2-1　一个优秀账号的成长路径

在进行账号对标时，不应该是一个生硬的、强拉硬拽的过程，只有将自身特点与对标账号灵活结合在一起，才能达到 1＋1＞2 的效果。

拓展训练

如何根据目标受众调整视频内容的风格和话题？

1. 在有限的预算内，如何有效利用资源制作高质量的短视频？

2. 在撰写脚本时，如何确保内容既具有故事性又能清晰传达信息？

3. 按照以下步骤进行起号训练：首先，在一周时间内完成账号的基本设定（昵称、简介、头像、封面）；其次，在 15～30 天内进行账号测试，需要批量准备及产出 15～30 条内容，并根据自己的能力涉及三种类型方向；最后，根据上述 15～30 条内容的数据表现，选择数据相对优质的内容裂变选题，并完成下面的表格。

基础信息								
账号 ID	链接	人设定位	开号时间	粉丝量 / 赞藏量	领域赛道	头像	简介	封面风格

续表

				爆款选题				
序号	选题	标题	上传时间	数据	关键词	评论摘选	优缺点	封面
1								
2								
3								
4								
5								

任务 3　洞悉心理与爆款打造

一、爆款"五点理论"

什么是爆款短视频？大部分人关注播放量和点赞量，以及播放到点赞的转化，以此来确定内容是不是优质的。

以抖音为例，决定播放量的主要因素是完播率。通过对比数据不难发现，完播率和播放量大概率是成正比的。所以除了赞转评关注等互动数据外，更应该关注的是完播率，需要综合考虑完播率、复播率、播放时长、播放量、点赞率等抖音传播推荐机制的几大因素。传统的"五点理论"认为，视频的互动量和转发量很大程度上决定我们的视频能不能上热门，成为一个爆款。

"五点理论"包括笑点、泪点、新奇点、美点（人美、景美）、吐槽点，旨在促进用户转发，增加互动量。真正能够吸引观众的是如何最大程度地与用户产生共鸣。从用户心理来说，首先是场景带入，场景应尽量贴近生活。优质内容的大多数场景集中在生活中常见的地方，比如家庭、学校、公司、饭店、商场等，这些内容在对应的场景出现，会让用户产生场景认同。其次是情绪共鸣。剧情类账号，尤其是有人设的内容，非常讲究叙事方式带给用户的情绪价值，这需要长期积累。听觉刺激设置到位，有足够看点的内容，数据都不会很差。最后是心理认同。这个认同是对内容中人物行为的认同，是触发用户点赞的点。如果在故事里一个人犯了错没有得到惩罚，也没有任何交代，用户就不太愿意给你点赞。故事有多个反转，给了用户意想不到的惊喜，让他们猜到了开头、猜不到结尾，这才会激发心理认同。

短视频内容创作如何与时俱进、贴合热点？首先要清楚什么是热点，互联网热点分为三种。

第一，常规型热点。即一些比较常见的热门话题，例如大型节假日、大型赛事活动、每年的高考等。这类热点的准备周期长，可以尽早进行选题策划并拍摄，热点一出便能及时发布。例如一年一度的情人节，话题性和关注程度都很高，很多短视频创作者每年都会拍摄与情人节相关的内容。

第二，突发型热点。即那些不可预测的突发事件，这类热点出现得比较突然。一般都是某个地方的自然灾害，或者是社会事件、八卦娱乐新闻等。

第三，预判型热点。即人为判断某些事件会成为热点。比如一部电影即将上映，通过分析电影的受众群体和话题本身的热度（话题热度可在各大社交平台查看），预测这部电影上映后能否成为热点。

以小红书为例，用户的基本操作如下：

第一步设想小红书主页，实际对内容创作者提出了一个要求，就是单屏 ¼ 突围，封面标题先要和其他几张图竞争。第二步是内容，内容的核心关键词是"利他"，如何知道内容是"利他"的呢？首先是对自己"有用"，其次是分享的过程或许"对别人"也"有用"，不断了解用户喜欢什么，要不断学习摸索"利他"的要点，小红书笔记要做对某群体一看就有用的内容。小红书发笔记必须先悦己再悦人，跟着用户需求走，不要自娱自乐，内容应该偏向女性并且有干货性质。

二、分析热点值不值得追

不要什么热点都一哄而上，要搞清楚一点：这个热点值不值得去追，一个热点是否值得去追可以从以下六个指标进行分析。

（1）时效性：热点正处于哪个阶段，一般来说，出现时间超过 1 天的热点就没有必要追了。

（2）受众群体：哪个行业、哪种类型的观众群体会对这个热点感兴趣。

（3）热度：这一点是最基础的，即观众对这个热点人物／事件的关注程度。

（4）传播度：热点光有热度是不够的，还需要有一定的传播性（实用、八卦等），如果用户对一个热点消息没有转发扩散的想法，这个热点就没有必要追了。

（5）话题度：这个热点本身是否带有可讨论的话题，比如有争议、有漏洞等。

（6）风险度：追热点一定要保持理智，选择一些正向的热点，涉及法律法规、政治新闻和天灾人祸的热点不要碰，避免热点没追到反而使自己陷入。

有三个要点也需要创作者注意。

（一）要点一：热点选取要与短视频账号紧密结合

追热点主要的目的是让更多的用户了解自己的短视频账号，记住账号的特点。如果创作者随意追热点，不与账号本身定位结合，很可能会让观众对账号的认知变得模糊，最终你只能做一个热点传递者，加深用户对热点的印象，不能给自身带来任何效益。

因此，创作者不要随意追热点，热点选取要与账号定位紧密结合，有选择性、针对性地"追"，才能收获最佳效果。举个例子：你的账号定位是一个美食分享号，此时出现了一个某某明星结婚/离婚的热点，这种热点和你的账号关联度不大，就没有必要去追。

（二）要点二：加入自己的创意

大部分创作者在追热点时懒得去想，直接生拉硬搬，导致一个热点的背后很可能会诞生数十个内容几乎一致的短视频作品，观众难免会产生审美疲劳。在进行内容创作与热点结合时，不应该是一个生硬的、强拉硬拽的过程，只有将热点与创意灵活结合在一起，才能达到"1+1＞2"的效果。

（三）要点三：用运营的思维做内容

详细内容见表2-1。

表2-1　热点运营的阶段

阶段	关键任务	具体操作	注意事项
明确目标与定位	确定目标受众	进行市场调研、分析用户画像	确保受众精准，避免泛化
	设定内容目标	提升品牌知名度、促进产品销售	根据业务需求设定具体、可衡量的目标
内容策划与创意	选题策划	关注热点话题、挖掘用户需求、分析竞品内容	确保选题具有吸引力和独特性
	创意构思	头脑风暴、借鉴优秀案例、融入创新元素	保持创意新颖，避免抄袭
内容制作与优化	高质量制作	文字校对、图片精修、视频剪辑	注重细节，提升内容品质
	SEO优化	关键词布局、描述标签优化、内链建设	提高搜索引擎排名，增加曝光率

续表

阶段	关键任务	具体操作	注意事项
发布与推广	选择合适的平台	分析平台特点、考虑受众习惯、评估投入产出比	确保平台与内容匹配，最大化传播效果
	确定发布计划	确定发布时间、规划发布频率、准备备用内容	保持内容更新的连贯性和稳定性
	多渠道推广	社交媒体分享、邮件营销、付费广告投放	综合运用多种推广方式，扩大影响力
数据分析与反馈	收集数据	使用统计工具、监测关键指标、记录用户行为	确保数据准确、全面
	分析数据	对比目标与实际、识别问题与机会、提炼经验教训	深入挖掘数据背后的信息，为决策提供依据
	调整策略	优化内容方向、改进推广方式、增强用户体验	根据数据反馈及时调整，保持灵活性
持续迭代与创新	关注行业动态	订阅行业资讯、参加行业活动、交流学习心得	紧跟行业发展趋势，把握机遇
	创新内容形式	尝试新的内容类型、探索新的表达方式、融合新的技术手段	不断突破自我，满足用户多样化需求
	提升专业能力	学习专业知识、实践操作技能、反思总结经验	持续提升自身综合素质，增强竞争力

拓展训练

爆款选题是源源不断的，日常积累作为内容输入的常态化工作，应当善用下方的"爆款选题梳理表"，帮助内容创作者梳理并积累更多素材，随时做好记录，以便后续翻看。

序号	标题	评论（话题度）	我的灵感	我的标题

◈ 任务总结

　　遇到内容创作瓶颈，是再正常不过的事情，建立一套自己的工作模式非常重要。做账号是一件有极高复利的事情，因为一次创作后的效果可以反复利用，让它充满更多可能性。本次任务致力于深度剖析目标受众的心理世界，精准捕捉其兴趣点、情感需求及信息消费习惯。通过细致入微的受众研究，构建一幅详尽的受众画像，为内容创作提供坚实的基础。这些内容不仅成功吸引了受众的眼球，更在情感层面与他们建立了深厚的连接，实现了内容的广泛传播与深度共鸣、持续优化与迭代。通过本项目学习，希望每位读者可以试着独立完成一个短视频或直播账号的搭建，制作并发布第一条短视频，实现账号的"冷启动"，并具备基本的短视频和直播运营能力，为日后的实战运营打下坚实的基础。

项目三 短视频制作

学习目标

1. 学会如何进行短视频的内容策划，包括主题选择、脚本编写、故事板绘制等。培养创意思维，能够独立构思新颖、有趣的短视频内容。

2. 掌握基本的摄影摄像技巧，包括构图、光线运用、镜头语言等。学会使用常见的视频编辑软件（如 Adobe Premiere Pro、Final Cut Pro、iMovie 等）进行视频剪辑。理解并应用视频特效、字幕、背景音乐等元素来增强视频表现力。

任务描述

1. 选择一个感兴趣的短视频领域（如美食、旅行、教育等），进行市场调研，分析该领域的热门话题、受众需求及竞争态势。基于市场调研结果，策划一系列短视频内容，包括确定主题、编写脚本、绘制故事板。提交一份详细的策划书，阐述创意来源、目标受众、预期效果及实施计划。

2. 按照策划方案进行视频拍摄，注意运用所学的摄影摄像技巧。完成视频剪辑，添加必要的特效、字幕和背景音乐，确保视频质量达到发布标准。

任务 1   常用短视频拍摄工具

短视频的拍摄是一项实操性大于理论性的工作，短视频创作者不仅要选择合适的拍摄工具，还要熟练运用各种拍摄技巧，合理设计景别、光线位置、镜头运动方式和构图方式，而短视频脚本的写作也因其指导性和统领全局性而显得至关重要。

常用的短视频拍摄工具包括智能手机、稳定器或三脚架、外接麦克风、视频剪辑工具以及素材库和音乐库。以下是对这些工具的具体介绍。

（1）智能手机。现代智能手机配备了高质量的摄像头，能够录制高清视频，是进行短视频创作的最基本且便捷的工具。

（2）稳定器或三脚架。为了确保视频画面的平稳性，使用稳定器或三脚架（图3-1）是非常必要的。这些设备可以帮助减少手持摄影时的晃动，提升视频质量。市面上流行的品牌如大疆和智云提供了多种选择，其中大疆OSMO3和智云SMOOTH 4因其优异的防抖功能而受到推崇。

图 3-1　三脚架

（3）外接麦克风。良好的声音质量对于短视频同样重要。使用外接麦克风可以大幅提高录音效果，尤其是在嘈杂的环境中也能保证清晰的音频输出。市场上有多种型号的麦克风可供选择，用户可根据需要选择适合的类型（图3-2）。

图 3-2　麦克风

（4）视频剪辑工具。拍摄完成后，有效的剪辑是必不可少的步骤。剪映、快剪辑等软件提供了丰富的编辑功能，包括但不限于剪辑、添加特效、调整音频等，非常适合新手操作使用。这些工具能够帮助创作者提升视频的整体质感和观看体验（图3-3）。

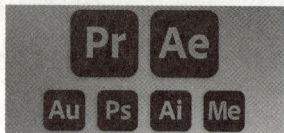

图3-3　常用后期软件

（5）素材库和音乐库。合适的背景音乐和素材能够丰富视频内容，增强表达效果。创作者应确保所使用的素材和音乐是合法且无版权问题的，以避免未来可能出现的法律纠纷。

总的来说，选择合适的工具并结合高效的拍摄技巧，有助于创作出更具吸引力的短视频内容。同时，随着技术的不断进步，新的工具和功能也在不断涌现，创作者应保持学习和适应的态度，以充分利用这些资源提升自己的创作能力。

任务2　画面景别设计与运用

一、景别的特点和作用

远景：广阔的场面，见图3-4。用来表现环境、空间、景观、气势、场景等的宏大，属于超常规视点的景别，展现观众本人难以看到的新视点，从而拓展影像的表现力。我们在外

图3-4　远景

景拍摄中，一般要运用远景展示开阔的空间、显示场景的全貌。远景有抒发情感、渲染气势的效果，通常运用于影片或某个独立叙事段落的开篇或结尾。

全景： 人物的全身，见图3-5。用来展现环境全貌、人物全体的景别，表现相对于局部的整体景观与场面，有叙事、描写的功能，侧重交代、说明。全景与表现局部的景别组合使用，可以表现人物全局、空间整体。与中、近景组合使用，便于我们既能掌握全局，又能看清局部。

图3-5　全景

中景： 膝盖以上部分，见图3-6。展现场景局部或人物膝盖以上部分的景别，既能看到人物的部分面部表情，又能看到部分身体的动作与姿态。影视作品中，中景应用于表现人与人、人与物之间的行动、交流，生动地展现人物的动作、姿态。

图3-6　中景

近景： 胸部以上部分，见图3-7。通过面部表情刻画人物性格，近景通常需要与全景、中景、特写景别组合起来使用。我们可以通过较近距离的机位或者长焦镜头拍摄人物的近景。在近景中，人物周围的环境变得次要，演员的面部表情则相当重要。

图 3-7　近景

特写：颈脖以上部位或被摄物体的细部，见图 3-8。用以细腻表现人物或被摄物体细部特征的一个景别。有时候，特写被应用于主观镜头，表现人物的主观视点。和远景一样，特写也是超常规视点，一般表达非常亲密的两个人之间的视野，或者表达某种特别的凝视，可能会用到特写的景别。因为特写和远景都较少被采用，所以称作"两级镜头"，用以表达特定的情感、特殊的视点。

图 3-8　特写

不同的景别在不同的影片中有着不同的作用。

景别最基本的作用，是叙事。不同景别的组合使用（图 3-9），有利于把事件讲清楚，更全面地展现场面。在同一场景中，不同景别的组合使用也是电影的特性之一，使电影银幕区别于戏剧舞台。不同的景别组合具有丰富的表现力，一些特殊的景别（如特写和远景）或特殊的景别组合，可以抒发特定的情感、表现特定的视角。不同景别的组合运用，决定了影像的风格、作品的风格、导演的风格。

拍摄景别

	远景
	全景
	中景
	近景
	特写

图 3-9　不同景别的组合应用

二、几种常见的拍摄方式

推：即推拍、推镜头，指被摄体不动，由拍摄机器作向前的运动拍摄，取景范围由大变小，分快推、慢推、猛推，与变焦距推拍存在本质的区别。

拉：被摄体不动，由拍摄机器作向后的拉摄运动，取景范围由小变大，也可分为慢拉、快拉、猛拉。

摇：指摄影、摄像机位置不动，机身依托于底盘作上下、左右、旋转等运动，使观众如同站在原地环顾、打量周围的人或事物。

移：又称移动拍摄。从广义上说，运动拍摄的各种方式都为移动拍摄。但在通常的意义上，移动拍摄专指把摄影、摄像机安放在运载工具上，沿水平面在移动中拍摄对象。移拍与摇拍结合可以形成摇移拍摄方式。

跟：指跟踪拍摄。除跟移外，还有跟摇、跟推、跟拉、跟升、跟降等，即将跟摄与拉、摇、移、升、降等20多种拍摄方法结合在一起同时进行。总之，跟拍的手法灵活多样，它使观众的眼睛始终盯牢在被跟摄人体、物体上。

升：上升摄影、摄像。

降：下降摄影、摄像。

俯：俯拍，常用于宏观地展现环境、场合的整体面貌。

仰：仰拍，常带有高大、庄严的意味。

甩：甩镜头，即扫摇镜头，指从一个被摄体甩向另一个被摄体，表现急剧的变化，作为场景变换的手段时可以不露剪辑的痕迹。

三、剪辑的基本原则

用于表现连续时空的剪辑是绝大部分影片最基本的镜头组接方法。所谓表现连续的时空，就是在剪辑的时候要表现时间上的连续性和空间上的同一封闭性。

剪辑的基本原则如下。

（1）保持时间上的连续性。保持时间的连续性关键在于保证动作的流畅性，具体方法如下：第一，机械地保持动作的连续性。第二，运用观众的心理补偿实现时间的省略。具体有下列三种方法：直接运用动作的省略；把镜头从主体身上暂时移开；运用特殊的光学效果（淡入、淡出、叠化）。

（2）保证空间上的完整性。空间的完整性包含两个方面的意思：第一是保持空间的同一性；第二是保持空间的封闭性。维持观众对他在荧幕上看到的那个空间的同一和封闭的幻觉。

四、光线

（一）按光效的反差性质分类

硬光光源是直射光，如直射的阳光或者人工直射光，此时被摄体上产生明显的投射光线，着光和背光的区别明显。硬光光源强调亮处和暗处的光比，加强了画面内的线条轮廓，物体显得线条分明、强硬。软光是散射光，被摄体上的投射光线不明显，如阴天的天空散光源和加了柔光设备的灯光。软光在画面造型上不像硬光有那么明显的着光和背光区分，物体亮度均匀，画面的光比小，空间比较平，人物轮廓比较柔和，着光均匀，物体显得柔软、轻盈、细腻。

硬光和软光会形成不同的画面造型效果：以硬光为主的画面明暗反差大，形成硬调画面，明暗之间缺少过渡，能造成人视觉心理的紧张，适合表现恐怖、残酷的场面，或者塑造有力量感的人物形象。以软光为主的画面调子柔和，反差小，画面对人的视觉刺激不强烈，情绪调子相对中性、平和。

（二）按光源的位置分类

1. 水平方向光位

正面光（顺光）：是呈现物体样貌、提供基本照度的光线，灯光高度与摄影机高度接近，处在同一水平面上，光线投射方向与摄影机方向一致。以图 3-10 为例，以正面光为主光源拍摄的物体，成像清晰，但立体感较差。被摄体受光，拍摄人物时会冲淡皱褶，但拍摄空间的纵深感会减弱，画面深度感较弱。

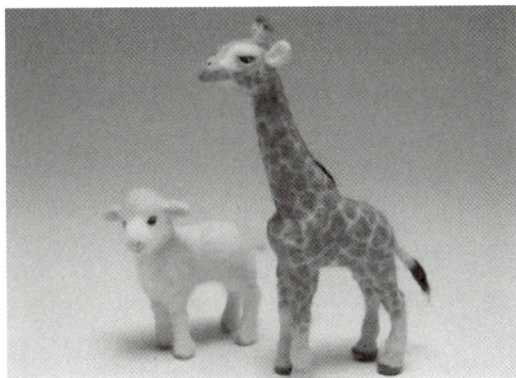

图 3-10　顺光

侧光：以图 3-11 为例，侧光照射下的物体会有很强的明暗反差，缺乏明暗过渡、细腻的影调层次，常用来制造某种特殊光效。

图 3-11　侧光

逆光：以图 3-12 为例，光线与摄影机相对，拍摄时受光面在背部，具有提取线条的重要功能，但由于逆光作为主光时人物的面部、物体的表面特征难以清晰地呈现，会造成人视觉心理上的恐慌或神秘感，所以常被用来制造一些特殊的戏剧效果。

图 3-12　逆光

2. 垂直方向光位

顶光： 顶光把凸亮凹暗夸张到极致，物体着光、背光的反差较大，造型效果比较反常，常用来塑造恐怖、凶恶的形象。

脚光： 脚光是一个更不寻常的光位，光线来自下方，异常感强烈，常用来表现特定光效制造恐怖气氛，使人物形象显得狰狞可怕。

三点布光： 每个镜头内至少有三个光源——主光、补光、逆光。首先把主光源放在被摄主体的前面，与主体形成一定的角度。然后在主光源造成的阴影一侧布置补光，部分地清除主光投射下的阴影。最后把光源放在被摄主体的后面，使主体看起来轮廓清晰、富有立体感。不同光线的设计与使用见表 3-1。

表 3-1　不同光线的设计与使用

光的性质		光的主次		光的方位					
硬光	软光	主光	补光	水平方向			垂直方向		
				正面光	侧面光	逆光	平角光	顶光	底光

拓展训练

1. 简述短视频画面景别的类型与运用方法。
2. 简述短视频镜头运动方式的类型与运用方法。

任务总结

在短视频制作中，掌握硬核技能是提升作品质量的关键。首先，要精通摄影摄像技巧，包括构图、光线运用和镜头语言，这些是增强视觉冲击力的基础。其次，熟练使用视频编辑软件进行剪辑，能够灵活添加特效、字幕和背景音乐，使视频更具吸引力。此外，了解并应用色彩校正和调色技术，可以显著提升画面质感。同时，创意策划不可或缺，好的内容是吸引观众的核心。最后，注重细节处理，如音频质量和画面稳定，也是打造专业级短视频的重要因素。通过不断学习和实践，你将能够拍出具有大片范儿的短视频，吸引更多观众的关注。此外，学习先进的拍摄手法和后期处理技巧可以让你的作品更加独特和引人入胜。

如何一天拍 150
条视频

项目四 直播间环境创建

学习目标

1.掌握直播间空间布局与装修设计的基本原则，能够合理规划直播间的空间结构和功能区域。

2.熟悉直播所需的硬件设备，包括摄像头、麦克风、灯光等，并能根据直播类型和需求进行适当选择。

3.理解不同直播场景对直播间环境的要求，如美妆直播、游戏直播、教育直播等。

任务描述

1.学习如何根据直播的需求选择合适的直播设备，并学会如何搭建一个基本的直播间。这包括如何布置灯光、选择适合直播的麦克风和摄像头，以及调试这些设备以确保它们能够发挥最佳性能。

2.掌握在不同直播场景下，如何灵活调整直播间的环境设置。无论是游戏直播、访谈直播还是电商直播，都需要有与之相匹配的直播间环境，以营造最佳的直播氛围。

任务 1 基础直播间搭建与设备选择

直播电商是通过直播的形式进行卖货，但最终目的还是电商，因此如何更好地展现主播和产品也决定了直播间成交的难易程度。不同的直播平台有不同的规则和玩法，在此基础上，直播间场地的设置也异常重要。基础直播间的搭建与设备选择是一个系统性的过程，涉及多个方面，以下是一些关键步骤和需要考虑的因素。

一、直播间搭建

选择合适的场地：确保直播间光线充足、环境安静、背景整洁，以提升观众的观看体验。

布置直播间：根据直播内容合理布置直播间内的物品，如桌椅、道具等。同时，注意调整灯光和摄像头角度，确保画面清晰、自然。

网络设置：选择稳定可靠的网络服务商，确保直播过程中不出现卡顿现象。同时，测试直播间的网络状况，确保网络稳定。

直播间的搭建往往决定了用户的第一印象，如果是销售甜美服装的主播，搭建一个粉色系、挂满了漂亮衣服的直播间更能增加用户停留时长。直播间就像是一个特定的"家"，"家"拥有独一无二的文化意义。因此，公司在打造直播间时，不仅要考虑到主播个体的差异，还要从日常的家庭环境中汲取灵感，以此作为产品的参考，从而让产品受到更多的欢迎。直播间的装修与陈列要点描述见表4-1。

表 4-1　直播间的装修与陈列要点描述

装修与陈列要点	描述
装修风格选择	选择与商品所属行业和品牌形象相契合的装修风格，如时尚服装类商品可选择简约大气的金属陈列架，化妆品类商品可选择透明亮眼的展示柜。
多角度展示	利用摄像机的不同角度进行商品的多角度展示，以全面展示商品的特点和细节。
分类陈列	将商品按照类别进行分类陈列，提高商品的辨识度，如将衣服按照款式、颜色或男女装进行区分。
突出商品特色	在直播间中突出商品的特色与卖点，吸引观众的注意力并激发其购买欲望，比如将具有特色的商品摆放在显眼的位置。
背景布景使用	利用与商品相关的道具、布景来凸显商品的主题，并增加视觉效果，如户外用品类商品可以在直播间背景设置一个仿真的户外场景。

二、设备选择

和拍短视频不同，直播间的设备要根据具体的产品进行调节，室外直播最好用专业的运动镜头，手机识别不了的细节展现也需考虑专业摄像设备。直播间选取偏黄的光还是偏白的光更利于展现产品，灯光从上方照下来还是侧方照下来更符合需求，都是需要考虑的点。

视频拍摄设备：根据直播需求选择合适的摄像头或摄像机。考虑摄像头的分辨率、帧率、对焦速度等性能参数，确保画面清晰、稳定。

音频采集设备：选择性能稳定的麦克风，确保音质清晰、无杂音。根据直播需求，可以选择有线麦克风或无线麦克风。

视频编码器：选择适合的视频编码器软件，对采集到的视频进行压缩和编码，以适应网络传输。

直播软件：选择稳定、易用的直播软件，如 OBS Studio、XSplit 等。这些软件支持多种直播平台，具有丰富的功能和灵活的参数设置。

其他设备：根据直播需求，还可以选择其他设备，如补光灯、绿幕、背景板等，以提升直播效果。

三、设备调试与测试

调试设备：在安装和连接设备后，进行设备调试，确保设备能够正常工作并发挥最佳性能。

测试直播效果：在正式直播前，进行直播测试，检查画面、音质、网络等方面是否存在问题，并进行调整和优化。

为了让观众更好地体验真实的情况，直播公司将配置先进的技术装置，例如智能手表、音箱、耳塞、耳麦、耳麦支架等。同时，每一个主播室都会配备独立路由器来保证主播直播画面的清晰度和流畅度。这一方面增强了粉丝观看体验，更能将主播的每一个动作进行实时传达，另一方面打破了时空构建"现场"的局面，基于一种"身临其境"感来拓展受众体验。

表 4-2　直播场地区域划分及其功能

场地区域划分	功能	场地大小
直播区	主播和助播直播区域，展示直播间背景、直播商品、道具。	5 平方米左右，商家可以根据直播商品体积大小来灵活调整。
后台区	直播幕后工作人员所在区域，放置直播使用的电脑、摄像头等设备，以及直播辅助工具。	5 平方米左右，最好设置在离主播不远的地方，便于及时为主播提供协助。
商品摆放区	摆放直播中需要讲解的商品样品，如果商品数量较多，则需要安排货架，将商品按照类别整齐地归置好，以便让幕后工作人员用最短的时间找到所需的商品。	10 平方米左右，商家可以根据商品体积大小和数量来调整。
其他区域	主播试衣间，或者放置其他搭配品的场地。	商家可以根据需要灵活设置场地大小。

拓展训练

1.实际操作中，为什么除了出境墙面不以白色作为背景色以外，其他墙面多以白色为主?

2. 装修的基本原则是什么?

3. 以美妆博主为例,怎样通过布景、灯光等因素,给观众留下独特记忆点?

任务 2   直播间软环境设计与调试

直播间的软环境设计与调试对于提升直播质量和观看体验至关重要。

一、背景墙设计

简约风格: 选择纯色或浅色调的背景墙,避免过于花哨或复杂的图案,以减少观众的视觉干扰。

与直播内容相关: 根据直播内容选择合适的背景墙,如美妆直播可以选择与化妆品相关的背景墙,游戏直播可以选择与游戏相关的元素作为背景墙。

灯光照明: 确保背景墙的光线均匀柔和,避免过亮或过暗的灯光影响观众的观看体验。

二、软装设计

整洁有序: 直播间内应保持整洁有序,避免杂物堆积和凌乱感。可以将物品摆放在观众看不到的地方,或者使用收纳盒等工具进行收纳。

色彩搭配: 软装物品的色彩应与背景墙和主播的服装相协调,避免过于突兀或杂乱的颜色搭配。

实用美观: 软装物品不仅要美观,还要实用。例如,可以摆放一些绿植来增加生机和活力,或者摆放一些与直播内容相关的道具来增加趣味性。

三、声音调试

消除回声: 在直播间内安装吸音材料或悬挂厚重的窗帘等物品来减少回声的产生。同时,可以通过调整麦克风的位置和角度来避免回声问题。

音量控制: 确保主播的声音清晰可听,同时避免背景音乐或其他噪声过大影响观众的观看体验。

四、光线调试

光线充足：确保直播间内光线充足，避免出现阴影或暗角。可以使用多个光源来提供均匀柔和的光线。

光线调整：根据直播内容的不同，调整光线的亮度和颜色。例如，美妆直播可以使用柔和的暖色调光线来突出化妆品的质感和色彩。

五、网络调试

网络稳定：确保直播间的网络稳定可靠，避免出现卡顿或掉线的情况。可以使用有线网络代替无线网络来提高网络稳定性。

带宽充足：根据直播内容的不同，选择合适的带宽。一般来说，高清直播需要较高的带宽来保证画质和流畅度。

六、软件调试

直播平台选择：选择稳定可靠、功能丰富的直播平台，同时，根据直播内容选择合适的直播功能，如美颜、滤镜等。

软件设置：根据直播需求进行软件设置，如调整画质、声音等参数。同时，确保软件更新到最新版本以获得更好的性能和功能。

拓展训练

5人一组进行小组实践，确定平台类目，按步骤分配任务。课堂上完成平台官方直播间设备有关文档、类似企业、头部账号的筛选，有关经验的搜索与收集，各类表格的基本设计，讨论方案的框架。以小组为单位，完成有关表格的制定，形成讨论方案并作简要分享。

任务总结

表 4-3　优质直播间环境创建关键点的描述

环境创建关键点	描述
设备选择与配置	根据直播内容和预算选择合适的视频采集设备（如摄像头、手机等）、音频采集设备（如麦克风、话筒等）以及编码推流设备（如电脑、游戏机等），并合理搭配设备以提升直播效果。

续表

环境创建关键点	描述
软件安装与设置	安装并配置推流软件（如 OBS、XSplit 等），设置视频源、音频源、编码参数和推流地址，确保直播平台兼容性。
平台选择与互动功能	选择适合自己直播内容和目标受众的直播平台（如哔哩哔哩、抖音等），并充分利用平台的互动功能（如弹幕、点赞、礼物等）增强观众参与感。
布局优化	合理安排摄像头和麦克风位置，布置背景墙和直播间装饰，设置字幕、弹幕等互动元素的位置和大小，营造专业且个性化的直播环境。
灯光与声音控制	使用合适的灯光设备（如柔光箱、三点式布光等）确保画面清晰且有层次感，同时注意声音的采集和控制，避免噪声和回声，保证音质清晰。
网络稳定性	确保直播过程中网络连接稳定，推荐使用高速网络（100 M 以上）以减少直播中的卡顿和中断风险。
测试与调整	在正式开播前进行至少两次全流程测试，检查视频、音频、推流等各个环节是否正常，及时解决和优化存在的问题。

项目五　直播团队组建

学习目标

1. 理解直播团队的重要性及成员构成，包括主播、助播、运营、技术支持等。

2. 掌握直播团队成员的职责划分，明确各成员在直播过程中的角色和任务。

3. 学会制订直播团队的协作流程和沟通机制，确保直播工作高效有序进行。

4. 了解高效能直播团队的特点和优势，如团队协作默契、创新能力突出等。

5. 掌握打造高效能直播团队的方法和策略，包括团队文化建设、激励机制设计、成员培训等。

任务描述

在直播团队搭建与职责划分部分，我们需要了解一个高效能的直播团队应该具备哪些成员，并明确各自的职责和角色定位。这有助于我们在实际操作中更好地分工合作，提高直播的效率和质量。高效能直播团队的打造则是对我们团队协作和管理能力的考验。我们需要通过团队文化建设、激励机制等方式，激发团队成员的积极性和创造力，打造一支具有凝聚力和战斗力的直播团队。

任务 1　直播团队搭建与职责划分

一、团队搭建

直播团队的搭建与职责划分是确保直播活动顺利进行和高效运作的关键，直播团队通常包括以下关键角色。

主播：负责直播内容的输出，包括产品介绍、互动、解答观众问题等。主播需要具备良好的口才、表达能力且熟悉直播内容。

运营： 负责直播活动的策划、执行、数据分析等，确保直播活动的顺利进行。运营需要具备较强的策划能力、执行能力和数据分析能力。

策划： 负责直播内容的策划和创意，包括主题、活动、互动等，提高直播的吸引力和趣味性。策划需要具有丰富的想象力和创新思维。

技术支持： 负责直播设备的调试、维护，确保直播的顺利进行。技术支持需要熟悉各种直播设备和技术，能够迅速解决技术问题。

此外，根据直播活动的规模和需求，还可以加入其他角色，如摄像师、编辑剪辑师、市场推广等，详见图 5-1 和表 5-1。

图 5-1　直播团队的组建

表 5-1　直播活动岗位分工

岗位设置	职能分工
主播（1人）	熟悉商品脚本、熟悉直播活动脚本、做好商品讲解、控制直播节奏、做好直播复盘
运营（1人）	分解直播营销任务、规划直播商品品类、规划直播商品上架顺序、规划直播商品陈列方式、分析直播间数据
策划（1人）	策划直播间优惠活动、设计直播间粉丝分层规则和粉丝福利、策划直播平台排位赛直播活动、策划直播间引流方案、撰写直播活动规划脚本、设计直播话术、搭建并设计直播间场景、筹备直播道具等
技术支持（1人）	调试直播设备和直播软件、保障直播视觉效果、上架商品链接、配合主播发放优惠券

账号起步过程中，可以先按照低配版团队人员构成及职能分工来配备和规范团队。之后可以根据具体情况升级团队，使分工更加细化，工作流程也更优化。

二、职责划分

（一）主播职责

直播内容的输出，包括产品介绍、互动、解答观众问题等。与观众保持良好的互动，提高直播的活跃度和观众参与度。遵守直播平台的规则和政策，确保直播活动的合规性。

（二）运营职责

负责直播活动的策划和执行，包括制订直播计划、确定直播主题和流程等。监测直播数据，分析直播效果，为后续的直播活动提供参考。与主播、策划和技术支持等其他团队成员紧密合作，确保直播活动的顺利进行。

（三）策划职责

负责直播内容的策划和创意，包括确定直播主题、设计互动环节等。与主播和运营等其他团队成员沟通协作，确保直播内容的质量和效果。不断关注行业动态和观众需求，为直播活动提供新的创意和思路。

（四）技术支持职责

负责直播设备的调试、维护和优化，确保直播的顺利进行。解决直播过程中出现的技术问题，保障直播的稳定性和流畅度。与其他团队成员紧密合作，提供技术支持和解决方案。

通过明确的职责划分和紧密的团队合作，直播团队可以更加高效地完成直播活动，提高直播的质量和效果。同时，不断学习和创新也是直播团队持续发展的重要保障。

三、直播团队候选人标准

（一）专业技能

直播团队需要具备完成工作所需的专业技能。这包括摄影、摄像、音频工程等技术能力，以及直播内容制作、剧本编写、演员表演等创意能力。候选人应熟练掌握相关软件和工具，具备良好的审美和创造力，能够独立完成高质量的直播内容。

（二）团队合作

直播工作往往需要多个团队成员协作完成。候选人应具备良好的沟通能力和团队合作精神，能够与团队成员有效沟通、协调资源、解决问题。在直播过程中，团队成员之间的默契配合至关重要，因此候选人应具备良好的团队协作能力。

（三）责任心和执行力

直播工作对细节要求极高，需要候选人有强烈的责任心和高效的执行力。候选人应能够按时按质完成任务，确保直播流程顺畅。在直播过程中，可能会出现各种突发状况，候选人应能够迅速作出反应，妥善处理问题。

（四）学习能力和适应性

直播行业变化迅速，新技术和新平台不断涌现。候选人应具备快速学习和适应新事物的能力，以便及时调整策略，保持竞争力。对于新工具和新应用，候选人应能够迅速掌握并运用到实际工作中。

（五）创新能力

直播内容创作需要不断创新以吸引观众。候选人应具备一定的创新思维，能够提出新颖的想法和解决方案。在直播过程中，候选人应能够根据观众反馈和市场趋势，及时调整内容和形式，保持直播的吸引力和竞争力。

（六）抗压能力

直播工作可能面临诸多不确定性和突发状况。候选人需要有足够的抗压能力，能够在压力下保持冷静，妥善处理问题。在直播过程中，可能会出现网络故障、设备损坏等情况，候选人应能够迅速应对并恢复正常直播。

（七）观众意识

了解目标观众的需求和喜好对于直播内容创作至关重要。候选人需要具备观众意识，能够从观众的角度思考问题，制作符合观众口味的直播内容。在直播过程中，候选人应能够密切关注观众反馈，及时调整内容以满足观众需求。

（八）个人魅力

对于直播主持人或演员来说，个人魅力和表现力是吸引观众的关键因素。候选人应具备一定的表演天赋和镜头感，能够在直播过程中展现自己的个性和魅力。候选人应具备良好的形象气质和语言表达能力，以便更好地与观众互动并吸引观众关注。

（九）经验背景

具有相关行业经验或成功案例的候选人可能更容易胜任直播工作。他们可以借鉴过往经验，快速适应新环境并取得良好成绩。然而，新手只要具备足够的潜力和学习能力，通过培训和实践也能迅速成长并为团队带来新的思路和创意。

（十）适应弹性工作时间

直播工作可能需要在晚上、周末或节假日进行。候选人需要适应弹性工作时间，根据直播需求调整自己的作息时间。在直播高峰期，候选人应能够全力以赴，满足直播工作的需求。

拓展训练

1. 运营岗位的职责主要包含哪些?

2. 选择主播时, 应当考虑哪些因素?

任务2　高效能直播团队的管理

直播团队的核心任务就是做好直播, 所以在直播流程方面需要仔细梳理, 达成无缝衔接, 团队成员必须有明确的职责分工和对接流程, 重视直播前期、中期、复盘和维护工作。

一、主播的管理与激励

不管是初级主播还是高级主播, 一个很重要的考核点就是主播的态度。从团队的角度来看, 如果主播因为自身原因而无法达到直播时长、转粉率、成交金额等指标, 会对账号的直播权重有很大的影响。从粉丝的角度来看, 如果主播经常不开播, 或者不能定时开播, 粉丝就会快速流失。所以, 要适当对主播进行态度方面的考核, 并且在主播心态出现波动时给予正确的引导和鼓励。

作为网络直播的重要组成部分, 主播在直播间扮演着不可或缺的角色, 其地位举足轻重。主播的自我定位可以从直播间的布置、特色、背景, 以及互动风格等多个方面得到体现。主播的个性魅力和人格魅力决定着直播间氛围是否和谐融洽, 同时也会影响到观众对于直播间内容的感知程度。在网络直播的时代, 主播和直播之间形成了一种相互依存、相互促进的紧密关系, 彼此交织、相互渗透。同时, 两者也是彼此独立又相互联系的整体, 呈现一种统一的状态, 为观察者所感知。随着移动互联的兴起, 这一统一性得到了更加广泛和深入的拓展。直播间已成为场景化表达、互动和交往的重要场所, 为人们提供了一个充满活力和互动的空间。

二、团队的管理与激励

表 5-2　某平台公会任务及对应奖励

序号	任务类型	考核方法	完成指标	奖励分成
1	基线任务	4 项指标同时考核（必选）	直播有效天	完成任务主播流水 ×2.5%
			直播有效时长	
			短视频投稿天	
			基础短视频投稿量	

续表

序号	任务类型	考核方法	完成指标		奖励分成
2	进阶任务	由公会对旗下所有主播，按照单个主播为维度进行选择，每个主播可以在4个任务中任选1个进阶任务	进阶活跃任务	直播有效天、直播有效时长	最高为完成任务主播流水 ×2.5%
			进阶短视频A任务	推荐播放量≥1 000的视频条数	
			进阶短视频B任务	推荐播放量≥10 000的视频条数	
			进阶短视频C任务	推荐播放量≥100 000的视频条数	
3	拉新任务	拉新任务分成 + 拉新流量奖励			详见拉新任务奖励部分
4	流水任务	将原先"基线任务/活跃人物/短视频任务"中最高1%的分成比，阶梯式调配到"流水任务"中			详见流水任务奖励部分
5	新公会限时任务	"新公会"参与限时扶持任务、拉新任务、流水任务，不参与基线任务、进阶任务			最高为完成任务主播流水 ×2.5%
6	服务费	详见服务费奖励部分			最高为公会总流水 ×50%

如表5-2所示，"平台—公会—主播"之间构成三重考核关系，平台并未对主播的直播流程作出强制要求，而是通过个人"直播任务奖励"的形式，给予能够直接影响甚至决定主播个人收入的高分成比例，吸引主播完成固定的直播任务。与传统工作的激励不同，平台主播有日任务和周任务，任务种类繁多并且有难易和等级之分，任务等级越高获得的奖励就会越多。譬如，平台直播的时长奖励规定用户当天直播满4小时可以奖励20音浪，每周直播2个有效天可以获得周音浪的0.6%。激励任务增加了"赶工游戏"的趣味性，主播为了完成任务目标就会不知不觉付出更多的劳动，平台便顺利将主播的工作纳入指定规则之中。另一方面，为鼓励公会更好地投入发展，平台为公会制定基线任务、进阶任务、拉新任务、流水任务，任务奖励分成构成公会收入的绝大部分。

具体而言，以公会基线任务为例，其作为必选的最基本的考核任务，奖励分成比对应"直播有效天""直播有效时长""短视频投稿天"和"基础短视频投稿量"等四个指标，即考核公会旗下单个主播的任务完成情况，若达成指标则公会可以获得该主播"本月流水 × 对应奖励分成比"的任务奖励，从平台的50%分成中进行抽成，如表5-3所示。

表 5-3 直播活动有效指标

直播有效天 （单位：天）	直播有效时长 （单位：小时）	短视频投稿天 （单位：天）	基础短视频 投稿量（单位条）	奖励分成比 （单位：人民币元）
≥ 14	≥ 45	≥ 5	≥ 5	2.5%

拓展训练

1. 简述场控应当具备哪些能力？
2. 搜集招聘网站上的直播运营岗位招聘信息，整理其岗位职责。

任务总结

总之，直播团队的选人标准应综合考虑候选人的专业能力、团队合作态度、责任心、学习适应性、创新思维、抗压能力以及对目标观众的理解程度等多方面因素。这些因素共同决定了一个候选人是否能够胜任直播工作并取得良好成绩。

新手团队如何搭建 24 小时高效直播系统

项目六 直播前准备

学习目标

1. 理解直播前准备工作的重要性，掌握制订准备工作清单的方法和技巧。

2. 学会根据直播内容和目标，制订详细的直播前准备工作清单，包括内容策划、设备检查、环境布置等。

3. 能够按照清单逐项检查准备工作的完成情况，确保直播前的一切准备就绪，为直播顺利进行奠定基础。能够全面掌握直播间环境创建与流程规划的知识和技能，为未来的直播工作提供有力的支持和保障。

任务描述

直播前准备工作清单的制订和执行是确保直播顺利进行的关键环节。我们需要提前规划好直播的内容、设备检查、环境布置等各项工作，确保直播前的一切准备就绪，避免在直播过程中出现意外情况。通过完成这一章的学习任务，我们能够在实际操作中不断提升自己的直播能力和专业素养，为未来的直播工作奠定坚实的基础。

任务 1 直播前准备工作清单

一、明确直播目标

在明确直播目标时商家需要遵守 SMART 原则，尽量让目标科学化、明确化、规范化，SMART 原则的具体内容如下。

（一）具体性（Specific）

具体性是指要用具体的语言清楚地说明直播要达成的目标，直播的目标要切中特定的指标，不能笼统、不清晰。

（二）可衡量性（Measurable）

可衡量性是指直播目标是数量化的或者行为化的，应该有一组明确的数据作为衡量目标是否达成的标准。

（三）可实现性（Attainable）

可实现性是指目标要客观，通过付出努力是可以实现的。在进行直播前，充分的准备工作是确保直播顺利进行的关键。本部分将详细列出直播前需要完成的各项准备工作，以确保直播内容的丰富性、技术的稳定性和观众的良好体验。

（四）相关性（Relevant）

相关性是指直播的目标要与商家设定的其他营销目标相关。

（五）时限性（Time-bound）

时限性是指目标的达成要有时间限制，这样的目标才有督促作用，才能避免目标的实现被拖延。

二、做好直播宣传规划

直播运营团队设计直播宣传规划时，可以从以下三个方面来入手：选择合适的宣传平台、宣传形式、宣传频率。

（一）选择合适的宣传平台

不同的宣传平台覆盖不同的用户群体，运营团队需要根据直播内容、目标受众和平台特性，选择最合适的推广渠道。常见的宣传平台如下。

（1）短视频平台（抖音、快手、B站等）：适合通过短视频预热，利用平台的推荐算法精准触达潜在用户。例如，可以发布直播预告短视频，搭配吸引人的文案和BGM，引导用户预约直播。

（2）社交媒体（微信、微博、小红书等）：适合深度内容传播，如公众号推文、微博话题营销、小红书种草等，通过KOL或社群裂变扩大影响力。

（3）电商平台（淘宝、京东、拼多多等）：如果直播以带货为主，可直接在电商平台内进行推广，如首页 banner、站内信推送、店铺首页预告等。

（4）私域流量（社群、企业微信、邮件营销等）：针对已有粉丝或会员，可通过社群、朋友圈、1 对 1 私信等方式精准触达，提高老用户的复购率。

选择平台时，需结合直播目标（品牌曝光 or 销售转化）、预算（付费推广 or 自然流量）和用户画像（年龄、兴趣、消费习惯）进行综合考量。

（二）确定合适的宣传形式

不同的宣传形式适用于不同的推广阶段，常见的直播宣传形式如下。

（1）短视频预热：制作 15 ～ 60 秒的短视频，突出直播亮点（如福利、嘉宾、独家内容），并引导用户点击预约。

（2）海报 / 图文宣传：设计精美的直播海报，在社群、朋友圈、微博等渠道传播，搭配吸引人的文案（如"限时秒杀""神秘嘉宾空降"）。

（3）话题营销：在微博、抖音等平台创建直播相关话题，结合热点或争议点引发讨论，提升曝光度。

（4）KOL/KOC 合作：邀请行业达人、网红或忠实用户提前造势，通过他们的影响力扩大直播传播范围。

（5）互动玩法：如抽奖、投票、悬念剧透等，提高用户参与感，提升期待值。

宣传形式的选择应注重创意和用户互动性，避免单一化。例如，美妆直播可采用"盲测挑战"短视频预热，而知识类直播可通过"剧透金句"海报吸引目标用户。

（三）确定合理的宣传频率

宣传频率过高易引发用户疲劳，过低则可能导致曝光不足。合理的宣传节奏应包括如下内容。

（1）预热期（直播前 3 ～ 7 天）：逐步释放直播信息，如首日发布预告海报，次日发布嘉宾剧透，第三天推出福利攻略等，保持持续热度。

（2）爆发期（直播前 1 天）：加大推广力度，如全平台推送、社群刷屏、短信提醒等，确保目标用户收到直播信息。

（3）直播当天：开播前 1 ～ 2 小时再次强化宣传，如朋友圈倒计时、短视频实时提醒等，提高即时到场率。

（4）直播后：对精彩片段进行二次剪辑传播，吸引未观看直播的用户回看或关注下一场直播。

此外，需结合数据分析调整宣传节奏。例如：若某次直播预约量低，可增加付费推广；若用户互动率高，可适当提高宣传频次。

直播宣传规划是直播运营成功的关键。通过精准选择宣传平台、创新宣传形式、优化宣传节奏，运营团队可以有效提升直播的曝光率和用户参与度，最终实现流量增长与商业转化。在实际操作中，团队应不断测试、复盘，找到最适合自身品牌和用户群体的宣传策略。

三、筹备直播

为了确保直播的顺利进行，在开始直播之前直播运营团队需要做好以下筹备工作，包括选择直播场地、筹备并调试直播设备、准备直播物料、主播自身准备等内容。

确定直播主题与目标：明确直播的主题和内容方向。设定直播的具体目标，如增加品牌曝光、推广新产品、提高用户互动等。

策划直播流程：设计直播的整体流程，包括开场、主要内容呈现、互动环节和结尾等。安排每个环节的时长和具体内容，确保直播内容的连贯性和吸引力。

准备直播脚本：编写直播脚本，明确每个环节需要讲述的内容和展示的产品。准备与观众互动时可能用到的问答、话题引导等话术。

检查直播设备：确保摄像头、麦克风、灯光等直播设备正常运行。测试设备的连接稳定性和画面音质效果。

搭建直播场景：根据直播主题设计直播背景，确保背景整洁、美观。摆放和调试好直播中需要用到的道具和产品。

调试直播平台：提前登录直播平台，测试直播推流和观看功能。熟悉平台的操作界面和功能设置，确保直播过程中能够熟练使用。

宣传预热：利用社交媒体、邮件、短信等渠道提前宣传直播活动。发布直播预告，吸引目标观众关注直播时间。

组建直播团队：根据直播需求组建包括主播、助理、技术支持等人员的直播团队。明确团队成员的职责和分工，确保直播过程中能够高效协作。

直播前最后检查：在直播开始前进行最后一次全面检查，确保所有准备工作都已完成。提前进入直播状态，调整心态和情绪，以最佳状态迎接直播的开始。

通过以上准备工作清单的详细规划和执行，可以大大提高直播的专业性和成功率。在实际操作中，可根据具体需求和条件进行适当调整和优化。

1. 如何确定直播目标?

2. 如何准备直播脚本?

任务 2　直播产品规划及流程设计

一、直播产品规划

首先,确定产品目标与定位。一要明确直播产品的核心目标,如提升品牌知名度、增加销售额、增强用户互动等。二要确定产品在市场中的位置,如高端、中端或亲民路线,以及产品的核心用户群体。

其次,确定产品选品策略。可根据自有优势选品,如产地直发、品牌知名度、厂家支持等,确保产品的质量和竞争力。也可根据时节和节日选品,如结合时令和节日特点,推出符合消费者需求的产品。

二、直播流程设计

首先,直播流程设计原则应注意以下三点:①确保直播流程简单易懂,方便用户理解和参与。②设计有趣的互动环节,提高用户的参与度和黏性。③确保产品特点和卖点得到充分展示和强调。

其次,直播流程设计步骤应包含:①开场环节:进行简短的开场介绍,包括产品介绍、直播主题等,吸引用户的注意力。②产品展示环节:有条理地展示产品的特点、功能以及与众不同之处,可以使用实物展示、试用体验等方式。③互动环节:设计多种互动方式,如问答、抽奖、投票等,提高用户的参与度和黏性。④优惠促销环节:推出限时优惠、折扣、赠品等促销活动,刺激用户的购买欲望。⑤结尾环节:总结直播内容,感谢用户的参与和支持,同时引导用户关注后续直播和活动。

最后,重视直播预告的发布,直播前的预告可以让更多的人知道你的直播,也能提前锁定用户进入直播间,从而对直播活动进行更大程度的引流。前文所提到的短视频运营,其中很重要的一个目的就是吸引用户,如果预告做得不到位,直播时用户数量太少,就会严重影响商品的购买转化率。直播预告也能帮助用户提前了解直播的内容，从而吸引更多对直播感兴趣的用户进入直播间，提升直播间用户的质量，以此提升购买转化率。

在发布直播预告时，应定位目标用户，明确直播福利。对于没有关注主播的用户来说，如果主播的话在直播预热视频中没有强大的诱惑力，是很难让他们进入直播间的，所以主播还可以在视频中添加利益点。也可以借助红人效应，吸引更多新用户。直播间的产品一般都会有特定的目标人群，并非所有看到预告的用户都对直播的产品感兴趣，但是如果预告时借助明星、红人等，吸引其粉丝进入直播间，那么就有机会产生购买转化。对于这些用户来说，折扣、红包等也许并不能成为其福利，而自己感兴趣的明星、红人等如果出现在直播间，无疑是最大的福利。

在撰写直播间的标题时，虽然有多种类型可供参考，但是需要遵守平台的规则，不能逾越法律的界限。比如在利用产品卖点进行文案撰写时，禁用"第一""最好""世界第一"等一些极限词，另外还要注意在宣传自己产品优势的时候不能以贬低竞争对手的产品为基础。无论是直播运营还是主播等团队成员，对规则的认识与了解一定要准确。

三、直播流程优化

首先，进行数据分析。通过直播数据分析，了解用户的观看时长、互动参与度、购买转化率等指标，找出优化点。

其次，了解用户反馈。收集用户的反馈意见，了解用户对直播内容和产品的评价和建议，进行针对性的改进。

最后，持续改进。根据数据分析和用户反馈，持续优化直播流程和产品规划，提高直播的质量和效果。

通过上述的详细规划和设计，可以确保直播产品的专业性和竞争力，提高用户的参与度和购买转化率，实现直播产品的核心目标。

拓展训练

请你针对一项即将开展的直播活动，制订一份详尽的直播产品规划及流程设计方案。需涵盖直播主题选定、目标受众定位、内容策划与脚本编写、技术设备准备、直播流程安排（包括预热、开场、高潮、互动、结尾等环节）、营销推广策略以及后期反馈收集与分析。

◈ **任务总结**

　　该任务完成了从市场调研、用户需求分析到产品功能规划、技术实现方案及运营流程设计的全过程，确保了直播产品既符合市场趋势又满足用户期待，为产品的顺利上线与持续优化奠定了坚实基础。

新手如何成为
带货主播

项目七 直播策划与实施

学习目标

1.掌握直播间预热引流的基本概念和重要性，理解其对提升直播曝光度和观众参与度的作用。

2.学会制订有效的直播间预热引流策略，包括利用社交媒体、短视频平台、线下活动等多种渠道进行宣传和推广。

3.能够根据不同直播内容和目标受众，选择合适的预热方式和内容，以吸引更多潜在观众。

任务描述

1.深入理解直播策划与实施的每一个环节，并通过任务演练，将理论知识转化为实际操作能力。

2.如何通过预告、话题讨论、互动活动等方式，提前为直播吸引观众的关注和兴趣。这不仅是提升直播曝光度的有效手段，也是增加观众参与度、营造直播氛围的关键步骤。

3.掌握如何通过巧妙的组合和推荐，提升产品的附加值和购买率。从开场白的设计、产品的介绍与演示，到互动环节的安排、结尾的总结与预告，每一个细节都需要我们精心策划和准备。

4.掌握如何通过生动有趣的描述、真实可信的评价，激发观众的购买欲望；同时，还需要学会运用恰当的话术和语气，营造轻松愉快的购物氛围，提升观众的购买体验。

任务 1 直播选品与策略

在直播带货的浪潮中，选品是至关重要的一环。一个成功的选品策略不仅能够提升直播的观看体验，还能有效提高转化率，增加销售额。本项目将深入探讨直播选品的依据与要点，帮助主播和运营人员更好地把握选品的关键。

一、直播选品的依据

（一）目标受众分析

深入了解目标受众的需求、兴趣、消费习惯以及购买力等信息，是选品的基础。只有了解受众，才能选出符合他们需求的产品。可以通过数据分析、市场调研和社交媒体等渠道收集目标受众的信息，建立用户画像，为选品提供有力支持。

（二）市场趋势分析

关注市场趋势和热点，选择具有市场潜力的产品。这不仅可以提高产品的曝光度，还能吸引更多潜在消费者的关注。可以通过行业报告、市场新闻和竞品分析等方式，了解市场的动态和趋势，为选品提供参考。

（三）品牌与产品质量

选择具有良好品牌声誉和高质量的产品，可以提高消费者的信任度和购买意愿。在选品过程中，要对供应商进行严格的筛选和评估，确保产品的品质和售后服务的可靠性。

（四）价格与性价比

价格是影响消费者购买决策的重要因素之一。在选择产品时，要充分考虑价格因素，确保产品的价格与品质相符，具有较高的性价比。同时，也要关注竞争对手的定价策略，制定合理的价格策略，提高产品的竞争力。

二、直播选品的要点

（一）多样性

在选品过程中，要保持产品的多样性，以满足不同消费者的需求。这不仅可以提高直播的观看体验，还能增加消费者的购买选择。同时，多样性也有助于降低库存风险，提高供应链的灵活性。

（二）品质优先

品质是选品的核心要素。在选择产品时，要优先考虑产品的品质，确保产品具有良好的使用体验和口碑。只有品质过硬的产品，才能赢得消费者的信任和忠诚。

（三）符合直播主题与风格

选品应与直播的主题和风格相符，以提高直播的整体效果和观看体验。主播可以根据自己的定位和风格，选择与之相符的产品进行推荐和介绍。

（四）关注用户反馈

用户反馈是选品的重要参考依据。在直播过程中，要关注用户的反馈和评论，及时调整选品策略。通过收集和分析用户反馈，可以发现潜在的问题和需求，为后续的选品提供有力支持。

直播选品与策略记录详见表 7-1。

表 7-1　直播选品与策略记录表

	具体内容
商品名称	
罗列商品卖点	
多平台搜集资料	
需求挖掘	
场景故事	
细节背书	
消费者顾虑	
打消顾虑的话术	
权益展示	

三、商品定价策略

直播带货中的花式价格策略是买一送一的升级版，这种策略也叫"阶梯策略"。相对于传统的买一送一、买二送一的价格策略，阶梯策略适用于食品和快消品。比如某商品线下价格 68 元，在直播间第一件 38 元，第二件 28 元、第三件 18 元、第四件免费送。在这种阶梯排列下，主播往往会建议消费者数量直接填 4 件，因为很明显四件一起拍更划算。

这种阶梯型的价格递减，能给用户强烈的冲击，刺激用户购买，引导消费者多件同时下单，达到提高销量的目的。需要注意的是，引导一定要清晰简明，在下单链接里注明建议购买几件，如果能打上线下原价进行鲜明对比，效果会更突出。

花式价格策略的优势有以下两点：一是对于母婴类商品中的纸尿裤和零辅食等快消品是很适用的，在价格和数量上的加持下，相对于平价售出和买一送一来说，采用阶梯型的价格在利润和销量上是可观的。二是阶梯型的价格对于一些冲击销量的单品来说，无疑是最好的方法和策略。相对于捆绑其他商品进行销售，阶梯型的价格体系一般都是 3～5 件的成组购买，适用于冲击销量，也适用于一些商品的促销。

花式价格策略应注意以下四点：一是主播要做好引导，突出价格优势。二是通过语速和声音、商品陈列，营造出紧张和稀缺的氛围。三是关注直播间的提问，引导用户如何下单。四是积极打造主播人设，凭实力和魅力圈粉。

商品陈列是营造直播间购买氛围的一种手段。商品陈列空间的设计是主播推销商品的舞台，商品是陈列的重点。只有将展示方式、空间设计和商品相结合，才能实现完美的直播。当用户进入直播间时，第一反应是对商品陈列的视觉反应。商品陈列的质量直接影响留存用户的数量和用户的消费意愿。直播间的商品陈列主要有主题式、品类式和组合式三个类型。

在货品特征和数量及更新比例都已经确定好的情况下，需要进一步掌握另外两大要素，即价格区间和库存配置。针对价格区间，只要做到尽可能地缩小区间即可。库存配置，则是提高直播数据及转化率的一个非常重要的因素。

主播在设置价格区间时，要根据商品的原始成本加上合理的利润，再加上一些其他的费用进行设置。如果同类商品只是颜色、属性不同，那么价格差距不应太大。

库存配置的一个重要原则是"保持饥饿"，主播要根据不同单场直播的总观看人数和当前在线人数配置不同的库存数量，使直播间始终保持抢购的状态。要想保持"饥饿"状态，库存数量至少要一直低于在线人数的 50%。如果条件允许，主播可以直接设置店铺库存来配合直播的库存需求。

最后为了完善我们的货品配置，根据直播需求充分利用好货品资源，我们还需要做好最后一步，也就是已播商品储备的再利用。我们要对已经播过的商品做两个动作，第一是预留，第二是返场。那么该如何选择预留商品以及返场商品，又该在什么时候返场呢？

主播要根据商品配置，在所有直播过的商品中选出至少 10% 的优质商品作为预留和返场商品，并应用到以下三个场景中：一是日常直播一周后的返场直播，将返场商品在新流量中转化。二是当部分商品因特殊情况无法及时到位时，将预留商品作为应急补充。三是遇到节庆促销日时，将返场商品作为活动商品再次上架。

根据以上学习内容，我们可以管理并利用好我们所有的货品资源，做到资源最大化利用，使直播内容更加充实饱满，货品需求一目了然。

🔺拓展训练

1. 如何根据直播观众的特征选择合适的产品？

2. 在预算有限的情况下，如何确保直播选品的多样性和质量？

3. 直播选品时，应如何考虑季节性和节日因素？

任务 2　直播产品组合与推荐策略

在直播运营中，产品的选择、组合与推荐策略是至关重要的一环。合理的产品组合以及有效的推荐策略，不仅能提高观众的购买意愿，还能增强观众对品牌的认知度和忠诚度。本任务将详细探讨直播产品组合与推荐策略的制订与执行。

一、直播产品组合策略

（一）产品选择与定位

了解目标受众： 在选择直播产品时，首先要深入了解目标受众的需求、兴趣和消费习惯，确保产品能够满足他们的期望。

产品特性分析： 分析产品的特性、功能、价格、品质等因素，确保产品具有足够的竞争力，能够吸引观众的注意。

（二）产品组合原则

互补性： 产品之间应具有一定的互补性，能够满足观众在不同场景下的需求，提高购买的可能性。

差异性： 产品之间应具有一定的差异性，以区分不同的价格区间、品质等级和用途，满足观众多样化的需求。

平衡性： 在组合产品时，要注意平衡产品的数量、种类和价格，确保直播内容的丰富性和观众的购买体验。

（三）产品组合方法

按需求组合： 根据观众的需求和兴趣，将相关产品或具有类似功能的产品组合在一起，方便观众进行选择和比较。

按价格组合：将不同价格区间的产品组合在一起，为观众提供多种选择，满足不同预算的需求。

按主题组合：围绕某一特定主题或活动，将相关产品组合在一起，营造氛围，提升观众的购买意愿。

二、直播产品推荐策略

（一）个性化推荐

利用数据分析技术，根据观众的浏览历史、购买记录等信息，为观众提供个性化的产品推荐。个性化推荐可以提高观众的购买意愿和满意度，同时也有助于提高直播的转化率和销售额。

（二）实时推荐

在直播过程中，根据主播的推荐、观众的反馈和市场动态等信息，实时调整推荐策略，确保推荐的产品与直播内容紧密相关。实时推荐可以提高观众的参与度和购买积极性，增强直播的互动性和吸引力。

（三）关联推荐

在推荐产品时，可以根据产品的关联性进行推荐，如搭配销售、套餐优惠等。关联推荐可以提高产品的附加值和购买率，同时也有助于提升品牌的知名度和美誉度。

（四）社交推荐

利用社交媒体等渠道，邀请明星、网红或达人进行产品推荐和分享。社交推荐可以扩大产品的曝光度和影响力，吸引更多潜在消费者的关注和购买。

拓展训练

1. 请针对一个你选定的受众群体，通过深入洞悉其心理特征与偏好，策划一份旨在引发共鸣并具备爆款潜力的内容方案。要求分析受众需求，设计创新内容形式，并明确如何通过心理共鸣点增强内容的吸引力和传播力。

2. 完成后，需提交一份详细的策划报告，概述你的受众分析、内容创意、执行计划及预期效果。

任务 3 创建直播营销活动

随着直播行业的迅速崛起，直播营销已成为品牌推广和产品销售的重要渠道。本任务将通过创建直播营销活动的方式，引导读者深入理解直播营销活动的全过程，掌握直播营销活动的策划、执行和优化技巧。

一、活动目标设定

在进行直播营销活动之前，首先要明确活动的目标。这些目标可能包括提高品牌知名度、推广新产品、增加销售额、增强用户黏性等。明确的目标有助于我们制订更具针对性的活动策略和评估活动效果。

二、直播平台选择

选择合适的直播平台是直播营销活动成功的关键。在选择平台时，需要考虑目标受众的特点，平台的用户规模、活跃度以及平台的特色和优势。例如，针对年轻用户的时尚品牌可以选择在抖音、快手等短视频平台进行直播营销，而针对专业用户的品牌则可以选择在 B 站、知乎等社区平台进行直播营销。

三、直播主题和内容策划

直播主题和内容是吸引观众的核心。在策划时，需要结合产品特点、目标受众需求和平台特色，制订具有吸引力的直播主题和内容。例如，可以邀请行业专家进行产品知识讲解、邀请明星进行产品试用分享、邀请用户进行产品体验分享等。同时，要注意保持直播内容的真实性和趣味性，以吸引更多观众的关注和参与。

四、直播流程设计

直播流程设计是确保直播活动顺利进行的关键。在设计流程时，需要充分考虑观众的观看习惯和喜好，合理安排开场白、产品介绍、互动环节、抽奖环节、结束语等。开场白要简洁明了地介绍直播主题和目的；产品介绍要详细展示产品特点和优势；互动环节要设置有趣的话题和问题，引导观众积极参与；抽奖环节要设置合理的奖品和抽奖规则，增加观众的参与感和期待感；结束语要感谢观众的参与和支持，并留下联系方式以便后续沟通。

五、直播执行与监控

在直播执行过程中，需要确保直播设备正常运行、网络稳定流畅以及直播内容的实时更新和调整。同时，要密切关注观众的反馈和互动情况，及时调整直播策略和内容以满足观众需求。此外，还需要对直播活动进行实时监控和数据分析，以便及时发现问题和优化活动效果。

六、活动效果评估与优化

直播活动结束后需要对活动效果进行评估和优化。评估指标可以包括观看人数、点赞数、评论数、转发数以及销售额等。通过分析这些指标可以了解活动的受欢迎程度和效果情况并发现潜在的问题和不足。根据评估结果可以对活动进行优化和改进，例如调整直播时间、优化直播内容、增加互动环节等以提高活动的吸引力和效果。

✿拓展训练

模拟执行一次直播营销活动，并撰写一份活动复盘报告。在报告中，需详细记录直播前的准备工作（如预热宣传、技术测试等）、直播过程中的亮点与不足、观众反馈收集与分析、销售转化数据以及基于数据的后续优化建议。此作业旨在通过实践操作与反思总结，提升执行与评估直播营销活动的能力。

◆任务总结

直播选品是直播带货成功的关键之一。在选品过程中，要充分考虑目标受众、市场趋势、品牌与产品质量、价格与性价比等因素，并遵循多样性、品质优先、符合直播主题与风格和关注用户反馈等要点。通过科学的选品策略和精细化的运营手段，可以提高直播的观看体验和转化率，实现商业价值的最大化。

直播产品组合与推荐策略是直播运营中的重要环节。在制订和执行产品组合与推荐策略时，需要深入了解目标受众、分析产品特性、遵循组合原则和方法，并运用个性化、实时、关联和社交等推荐策略，以实现最佳的直播效果和商业价值。

通过精准定位目标受众，巧妙融合产品亮点与受众兴趣点，运用多样化的互动环节和限时优惠策略，可以有效激发观众的热情与购买欲望。同时，利用直播平台的数据分析能力，实时调整营销策略，能够实现用户黏性的提升与品牌曝光度的最大化，为后续的营销活动奠定坚实的基础。

小红书直播却怕
限流，没流量？
该怎么入局？

项目八　直播开启与实操

学习目标

使学习者全面掌握直播技术的基础操作，包括直播平台的注册与设置、直播设备的选择与调试、直播内容的策划与编排、直播过程中的互动技巧与应急处理，以及直播后的数据分析与效果评估。通过理论学习与实战演练相结合的方式，学习者能够独立开启并高效运营一场直播活动，有效提升其在新媒体环境下的内容创作与传播能力。

任务描述

本项目旨在通过一系列实践任务，使学生或参与者掌握直播活动完整的开启流程与实际操作技能。项目将围绕直播平台的选择与熟悉、直播设备的准备与调试、直播内容的策划与执行、直播过程中的互动管理以及直播结束后的数据收集与分析等关键环节展开。

1. 直播平台选择与熟悉：根据直播目的、目标受众及预算等因素，选择合适的直播平台，并深入学习该平台的操作界面、功能设置、观众互动工具等，为后续直播活动打下坚实基础。

2. 直播设备准备与调试：准备必要的直播设备，如高清摄像头、麦克风、补光灯、稳定的网络连接等，并进行设备调试，确保直播画面清晰、声音流畅、无卡顿现象。同时，熟悉并掌握设备的使用技巧，以便在直播过程中灵活应对各种情况。

3. 直播内容策划：根据直播主题和目标，制订详细的直播内容计划，包括开场白、产品介绍、互动环节、优惠活动、结束语等。确保内容既吸引人又符合品牌形象，同时注重节奏感和观众体验。

4. 直播实操：在正式直播前进行模拟演练，熟悉直播流程，确保各环节衔接顺畅。直播过程中，保持自信、热情，与观众积极互动，解答疑问，引导观众参与互动环节，提高观众参与度和留存率。同时，注意监控直播数据，及时调整直播策略。

5. 直播后数据收集与分析：通过数据分析评估直播效果，总结经验教训，为后续的直播活动提供改进方向和优化建议。

任务 1 直播流程与基本操作

在直播运营中，掌握直播流程与基本操作是确保直播顺利进行、提高观众体验的关键。本任务将详细介绍直播流程的各个阶段和直播中的基本操作，帮助读者全面了解直播运营的核心内容。

一、直播流程四阶段

直播流程包括直播准备、直播开启、直播进行和直播结束四个阶段。

（一）准备阶段

内容策划：根据直播目的和受众需求，策划直播内容，确定直播主题、亮点和互动环节。

设备检查：检查直播所需的设备，包括摄像设备、麦克风、灯光、网络等，确保设备正常工作。

场地布置：根据直播内容选择合适的场地，并进行布置，确保直播环境整洁、美观。

预热宣传：在直播前进行预热宣传，通过社交媒体、平台推送等方式吸引观众关注。

（二）开启阶段

登录平台：使用主播账号登录直播平台，进入直播界面。

设置直播间：设置直播间的标题、封面、标签等，增加直播的曝光度。在标题里可以多用疑问句或反问句，结合时事、热点或和"明星"相关的话题，新鲜猎奇以及能够戳到用户痛点的标题更容易吸引读者。比如你的用户多是勤俭持家的，那"省钱"这样的字眼一定能抓住他们的眼球。

调整设备：调整摄像设备的位置和角度，确保画面清晰、稳定；调整麦克风音量和音质，确保声音清晰可听。

开启直播：点击开启直播按钮，进入直播状态。

（三）进行阶段

内容呈现：按照策划的内容进行直播，确保内容有趣、有料、有互动。

观众互动：积极与观众互动，回答观众问题，增加观众参与感和黏性。

数据统计：关注直播间的观众数量、点赞数、评论数等数据，了解直播效果。

应对突发情况：遇到突发情况时，如设备故障、网络中断等，要保持冷静，及时解决问题，确保直播顺利进行。

（四）结束阶段

感谢观众：在直播结束时感谢观众的观看和支持，增强观众对主播的好感度。

总结反馈：对直播内容进行总结，收集观众反馈和建议，为下次直播提供参考。

关闭直播：点击关闭直播按钮，结束直播。

标准化直播流程见图 8-1。

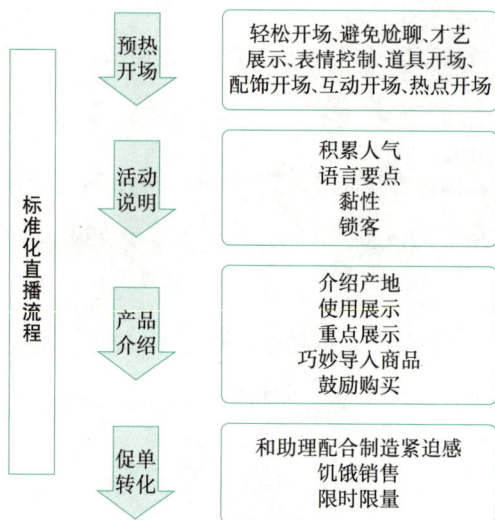

图 8-1　标准化直播流程

二、基本操作

在直播过程中，主播需要掌握一些基本操作以确保直播的顺利进行。

画面切换：根据需要切换不同的摄像设备或画面，展示不同的内容。

音量调整：调整麦克风和背景音乐的音量大小，确保声音清晰可听。

弹幕管理：管理直播间的弹幕内容，及时删除不良信息，维护直播间秩序。

互动工具使用：使用平台提供的互动工具如点赞、评论、抽奖等，增加观众参与感和黏性。

三、直播带货脚本策划案例

本次直播带货脚本策划以家居用品中的"智能按摩椅"为例，进行情景演练。假定直播发生在晚上 8 点，目标受众为追求生活品质、关注健康的中青年人群。

1. 开场白

主播（热情洋溢）："大家好，欢迎来到今晚的直播间！我是你们的好朋友 ××，今天给大家带来一款能够让你在工作之余享受舒适时光的神器——智能按摩椅！"

2. 产品特点介绍

主播："这款按摩椅可是咱们家居生活的贴心小助手哦！它采用先进的智能技术，能够根据你的身体状况进行个性化按摩，无论是肩颈酸痛还是腰背疲劳，都能一扫而光。"（展示产品外观、操作界面等）

主播："看，这就是我们的智能按摩椅，外观时尚大气，放在家里简直就是提升生活品质的利器。而且操作非常简单，老人家也能轻松上手。"

3. 互动环节

主播："接下来，我们来玩一个小游戏吧！大家猜猜看，这款按摩椅一共有多少种按摩模式呢？猜对的朋友有机会获得我们的小礼品哦！"（观众在弹幕或评论区参与互动，主播公布答案并送出礼品）

4. 使用场景展示

主播："好了，游戏环节就到这里。现在，我来给大家展示一下这款按摩椅在实际使用中的效果吧！"（主播现场模拟使用场景，如工作一天后回家放松、周末与家人一起享受休闲时光等）

5. 优惠信息发布

主播："看来大家都被这款按摩椅吸引了！那么，我给大家带来了一个好消息！今晚在直播间下单的朋友，都可以享受超低的优惠价格哦！而且前 100 名下单的朋友，还会获得价值 ××× 元的赠品一份！"

6. 结尾总结

主播："今天的直播就到这里啦！感谢大家的参与和支持！如果你对这款智能按摩椅感兴趣的话，千万不要错过今晚的优惠哦！我们下期直播再见！"

在进行直播带货脚本策划时，需要注意以下四点：①语言要简洁明了，避免过于复杂的词汇和句子结构。②互动环节要有趣味性和参与性，能够吸引观众的注意力。③场景展示要真实可信，能够让观众产生共鸣和购买欲望，影响用户消费的主要因素详见图 8-2。④优惠信息要清晰明了，避免出现歧义或误解。

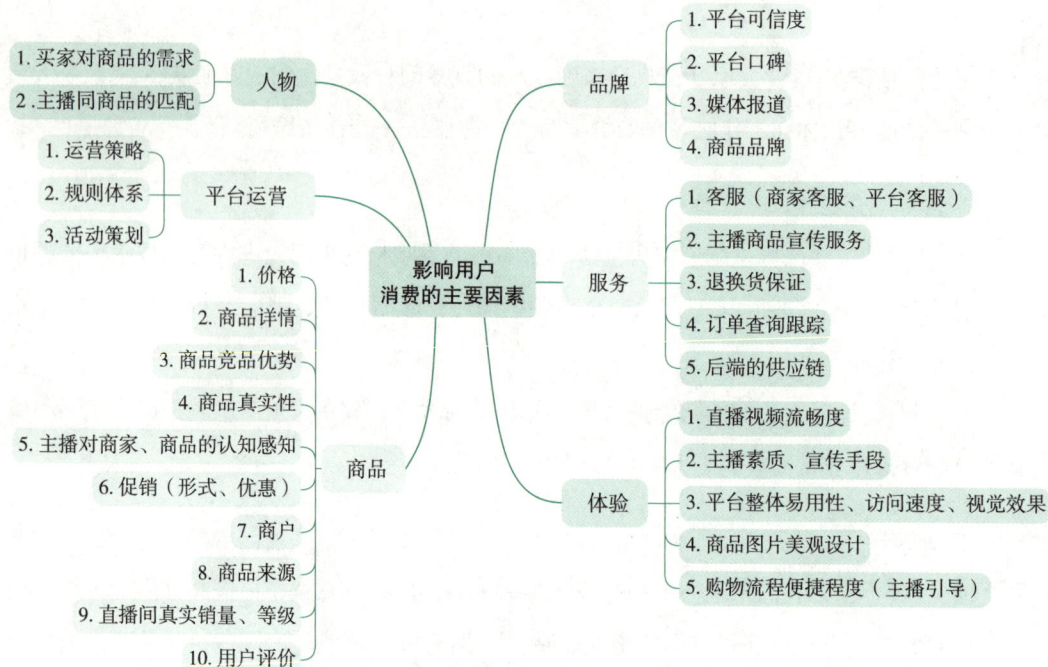

图 8-2　影响用户消费的主要因素

通过以上直播带货脚本策划的情境演练，我们可以更好地掌握直播带货的技巧和要点，为实际的直播销售活动做好充分准备。

拓展训练

1. 在直播带货中，观众对主播的信任度是影响购买决策的关键因素。主播需要通过各种方式建立专业可靠的形象，并传递出真诚推荐产品的信息。如何通过直播建立信任感并促成销售？

2. 直播过程中可能会遇到产品介绍错误、技术故障、观众负面反馈等突发状况，这些状况可能会影响直播的节奏和销售效果，需要主播具备快速应变的能力和技巧。如何处理直播中出现的突发状况，并保持销售动力？

3. 限时优惠和稀缺性原则是激发消费者购买欲望的有效手段，它们能够创造紧迫感，促使消费者做出快速决策。主播需要巧妙地将这些原则融入直播话术中，以提高产品的吸引力和购买率。如何利用限时优惠和稀缺性原则提高直播带货的转化率？

零经验小白如何两个月冲上带货榜

任务 2　直播带货的技巧

直播带货已经成为一种新型的销售模式，它不仅要求主播具备丰富的产品知识和良好的销售技巧，还需要掌握一定的话术技巧，以吸引观众的注意力，提升购买意愿。本任务将详细介绍直播带货的技巧，帮助主播更好地进行直播销售。优秀的语言技巧可以提升直播间的人气，增加观众在直播间的停留时长，提高观众的购买意愿，总之每一个优秀的主播都有一套自成风格、自成体系的直播语言。

一、直播带货技巧

明确目标受众： 在直播前，明确自己的目标受众，了解他们的需求和喜好，以便在直播中更好地满足他们的需求。

真实体验展示： 直播带货的最大优势在于真实。主播应亲自试用、试吃产品，向观众展示产品的真实效果和使用感受。

与观众互动： 可以通过抽奖、发红包等方式提高观众的互动积极性。

营造购买氛围： 通过限时优惠、秒杀活动等方式，营造紧迫的购买氛围，激发观众的购买欲望。同时，主播可以用热情洋溢的语言和表情，引导观众下单购买。

保持专业态度： 在直播过程中，主播应保持专业态度，对产品进行准确、详细的介绍，避免夸大其词或虚假宣传。同时，也要尊重观众的选择和意见，不要强迫观众购买。

二、直播流程话术

直播最大的优点莫过于实时互动性，通过直播带货，商家可以轻松接触到成千上万的用户。如果一个主播在直播间只是直白地介绍商品，时间长了观看者就会产生无聊的情绪，主播也可能会冷场。如果互动做得太无趣，甚至遇上冷场，那么不仅主播很尴尬，用户停留一两秒钟也会划走。那么该如何互动呢？这就需要了解和掌握直播间的互动玩法。高质量的互动玩法使用户和主播对直播平台的依赖性变强，也能促进用户的下单转化率。

直播时主播不能只顾自己说话，一定要引导用户热情地互动，提升直播间的氛围。直播间的热烈氛围可以感染用户，吸引更多的人进来观看直播。直播间的互动玩法有很多，如发红包、抽奖、连麦、促销活动等。

给用户具体、可见的利益，是主播聚集人气、与用户互动的有效方式之一。在直播期间，向用户派发红包的步骤一般分为三步，详见表8-1。

表 8-1　派发红包的步骤和具体做法

派发红包的步骤	具体做法
约定时间	提前告诉用户3分钟或5分钟以后及时发红包，并引导用户邀请朋友进入直播间抢红包。这样不仅可以活跃气氛，还会提升直播间的流量。
站外平台抢红包	除了在直播平台上发红包以外，主播还可以在支付宝、微信群、微博等平台上向用户派发红包，并提前告知用户条件是加入粉丝群。这一步是为了向站外平台引流，便于直播结束之后的效果发酵。
点赞达约定值派发红包	点赞量到达约定的数量后，主播或助理就要在平台上发红包。为了营造热闹的氛围，主播最好在发红包之前进行倒计时，让用户产生紧张感。

发红包可以解决直播间在线人数太少、无人互动的尴尬局面。因为红包对于用户的诱惑力是很大的，发红包会刺激用户积极参与。这同样也是一种互动方式，用户在互动的同时也就慢慢地与主播建立了信任关系。

发红包还可以解决关注增量的问题。由于用户必须关注主播才能进粉丝群，关注增量可以带来权重的提高，从而提升直播间的观看量。

每介绍完一款商品就派发一次红包，这样可以延长用户在直播间的停留时长。

为了使用户更清楚如何操作，主播可以拿着手机对着镜头演示如何进粉丝群。主播可以倒计时10秒，让用户做好准备，并在发完红包以后打开群，在镜头前展示抢红包的人数。

三、直播间商品销售语言技巧

（一）提出并放大问题

提出问题，即结合消费场景提出消费者的痛点及需求点，给消费者一个购买的理由。放大问题，则要全面地把用户忽略掉的问题和隐患尽可能地放大。

提出问题后，会引起直播间里关于此问题的讨论，主播要掌控问题讨论的节奏，适时引入商品。商品介绍是直播带货语言里最基础、最能影响转化率的因素之一，应结合消费者潜在需求来设计场景介绍。专业介绍是从商品的功效、成分、材质、价位、包装设计、使用方法、使用效果、使用人群等多维度介绍商品，越专业越有说服力（需要提前对商品有足够的了解，同时准备好商品单品脚本）。

除此之外，场景感也是影响直播间粉丝是否愿意买单的重要因素之一。让商品介绍场景化，最简单的方法就是多用比喻句和想象力。如"屋顶花园的香气，非常适合夏天""穿着白纱裙、在海边漫步的女生有非常干净的感觉""下过小雨的森林里的味道"等富有场景感的实体描述。即使用户闻不到味道，摸不到商品，但也可以想象到商品带给人的感觉，从而打动用户购买。

诠释各种商品卖点的方式，详见图 8-3。

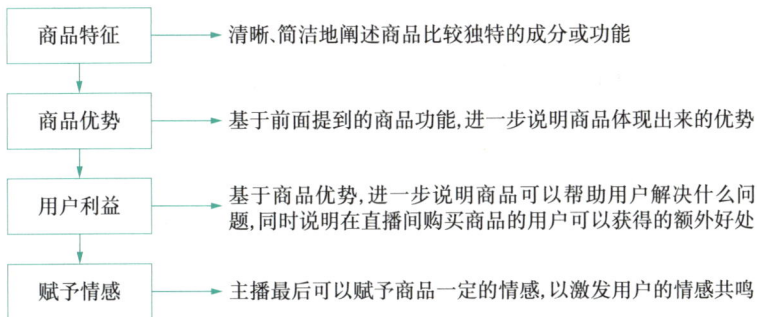

图 8-3　诠释各种商品卖点的方式

（二）赢得用户信任

赢得用户信任的直播语言核心要点有打消顾虑（提升信任感）、价格锚点、限量限地限时三种方式。

1. 打消顾虑（提升信任感）

有些主播在推荐商品时，会讲述家人、工作人员的使用经历，还会在直播间展示自己的购买订单，证明某款产品是"自用款"，且重复购买过。这些看似不经意的动作和语言，目的就是打消用户对商品的顾虑。主播在直播间现场试用商品，分享使用体验与效果，验证商品的功效，才有足够的说服力获得用户信任，促使用户购买商品。同时还要描述出消费者的使用需求和购买需求，双管齐下，引发用户的购买欲望。

2. 价格锚点

我们在购物时会发现：某商品建议零售价为 49 元，实际却仅售 39 元；商店里有些商品经常会被划掉原价，再贴上一个优惠价；路边的实体小商铺也喜欢标一个高价等着顾客还价。这些被虚标的高价（原价）就是商家设置的"价格锚点"。顾客也许知道这件商品就只值 39元钱，但仍感觉占了便宜，这就是著名的锚点效应。消费者并不是为商品的成本付费，而是为商品的价值感而付费。例如，某商品买两瓶直接减 79.9 元，相当于第 1 瓶 79.9 元，第 2 瓶免费（直播间低价）；天猫旗舰店的价格是 79.9 元一瓶（旗舰店价格，即价格锚点）。

3. 限量限地限时

限量：制造稀缺感也是销售的一种常用手段。如"今天的优惠商品数量有限，只有 100 个""这款衣服就只有最后 ×× 件了，卖完就没有了。""这一款真的数量有限，只有最后 ×× 件了。如果看中了一定要及时下单，不然等会儿就抢不到了！"

限地：这个价格只限在此直播间有，站外都没有。如"不用想，直接拍，只有我们这里有这样的价格，往后只会越来越贵。"

限时（到点涨价）：直播中可以倒数，到时间后限量抢购就开始（或下架）。主播可以告诉用户 ×× 分钟后时间到了就恢复原价，制造紧迫感，让用户马上下单。如"还有最后 3 分钟，没有买到的宝宝赶紧下单，时间到了我们就下架了（恢复原价）！"

直播语言与技巧运用，详见图 8-4。

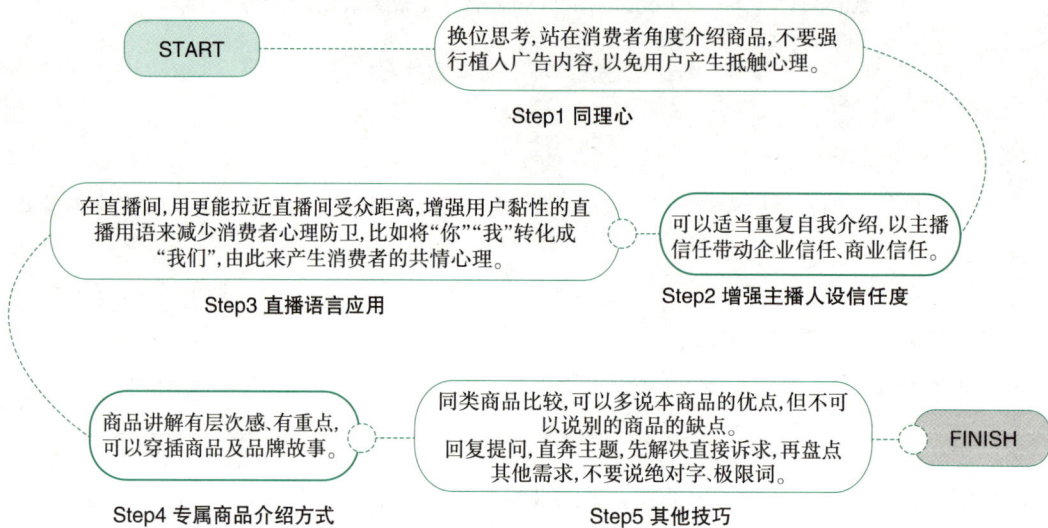

图 8-4　直播语言与技巧运用

四、直播间观看量的提升

直播观看量一般是指直播中、回放、短视频的观看量，大于 15 分钟的直播才算入有效观看量。

直播间主要有三大流量入口：

第一入口：自然免费推荐流量（直播推荐流量、直播广场流量、同城流量、其他流量等）。

第二入口：付费流量（千川竞价广告、小店随心推 /DOU＋、品牌广告 TopLive 等）。

第三入口：短视频引流流量（播放量 ＝ 曝光 – 导流直播间）。

以上三大流量入口所流入直播间的流量又与以下十个关键点有关：同城推荐、直播间话题、直播间标题、直播间封面图、直播预告、开播频次、开播时间和时长、内容项指标、转化项指标、引流视频跑量情况。

提升直播观看量可以尝试从以下四个方面着手。

（一）理解直播间排序规则，提升直播间排序权重

目前直播间排序规则是按照买家偏好进行千人千面展示。除此之外，还会根据直播间的实时新品数（被系统打标的例如超级新品、金冠商品、镇店之宝等）及新品数动销，实时互动数据即关注、评论、收藏、加购、询价等行为，老粉丝回访数据等进行新流量的补贴，提升以上因子即可提升直播间的权重，获得更多曝光。

（二）选择好的直播标题及封面图，提升直播间点击率

直播排序只能让直播间曝光机会变多，但买家是否真正进入直播间很大程度上跟设置的标题和封面图有关系。该场直播的主题和直播内容，甚至直播优惠是否与买家相关，能够吸引买家的兴趣，另外直播间是否有发放优惠券、抽奖、秒杀等活动，也应在直播频道外宣传，吸引买家点击。

（三）加入自带流量的商品，为直播间引流，并录制短视频，下播后通过短视频可持续引流

多将店铺自带流量的商品加入直播间，例如超级新品、金冠商品、镇店之宝，以及报名大促的其他商品链接。建议不低于 30 个产品，因为商品加入直播间后会出现直播的入口，可以直接引导买家进入直播间。如果该商品有录制过商品讲解，买家会直接优先定位到该商品的讲解，不仅为直播间提升流量，也大幅提升了买家的下单转化率。哪怕不讲解也没关系，可以引流，当然每一个商品都录制讲解是最好的。

（四）通过口令或房间号，主动分享直播间

利用好微信群、QQ 群、微博、朋友圈等社交媒介，每次开播前一天和开播 5 分钟后，各发一次参考文案。

例如，预告的文案：今晚 8 点，我会在直播间给大家讲讲一件好内衣是怎样炼成的，很多优质新品等着大家来进货，你准备好了吗？直播开始后的文案：我们的产品定位为舒适自

由，今年代理商跟着我们赚了不少钱，来，带你看看新品！长按复制，打开手机查看。

文案改好后需要自己先测试一下，避免误删文字和字母，导致口令有误打不开。

五、直播中的人气提升技巧

首先我们要知道引流的渠道，第一是直播推荐（直播广场），第二是短视频，第三是同城，第四是关注。

直播推荐（直播广场）主要依靠直播间的点击率、观看时长和直播同时间段的竞争，好的直播封面、标题和内容会帮你提升人气转化率，而时间段的竞争则需要主播根据自身的情况选择开通时间来尝试是否适合自己。主播在电商直播中的角色详见图8-5。

直播前30分钟到1个小时发布最新的短视频，然后开播，很多观众看到短视频不错就会点击你的头像进入直播间。喜欢看你直播的人一定会去看你的短视频，所以短视频的风格和内容要花点心思。段子、剧情、教程等的内容要基本围绕自己的风格，表达形式统一，这样才能做好沉淀，在粉丝进入你账号的时候，会因为你的内容关注你。不知道拍什么怎么办，可以先跟风、跟热点，依葫芦画瓢，短视频没有想象的那么难。

记得打开定位，这样，同城的人才会进来。

粉丝群最重要，直播前需要在粉丝群里通知粉丝马上开播了，并且需要遵循以下四点：直播时间固定、直播时长稳定、直播内容有趣、粉丝互动。

主播因素

电商主播=懂商品+玩技巧+会互动

商品	主播	传播
外在形态	信息搜集	宣传技巧
内在属性	整理	促单手法
对人益处	选择	辅助因素
	处理	
	直播脚本	

图8-5 主播在电商直播中的角色

拓展训练

1.产品展示是吸引顾客和促成交易的关键因素，需要清晰地展示商品特点和优势。需要考虑展示的方式、时机以及与观众的互动。如何打造适合直播带货的产品展示?

2.故事能够引起情感共鸣,增强商品的吸引力。需要创造性地将商品与故事结合,让顾客产生共鸣并激发购买欲望。在直播中如何运用故事化营销提高商品吸引力?

3.语言是主播与观众沟通的主要工具,有效的语言引导可以促进销售。应用心理学技巧可以更好地影响观众的决策过程。如何通过语言引导和心理学技巧增加直播间的销售额?

4.处理疑问和异议是直播带货中不可避免的部分,这关系到信任建立和销售转化。需要及时、专业地解答疑问,转化异议为销售机会。如何在直播带货时有效处理观众的疑问和异议?

◈ 任务总结

直播流程与基本操作是直播运营的基础和关键。通过本项目的学习,读者可以全面了解直播运营的各个阶段和核心操作,提高直播效果,增强观众体验。同时在实际操作中还需要不断学习和探索以适应不断变化的直播环境和观众需求。

直播带货需要主播掌握一定的技巧和话术,更好地吸引观众的注意力,提升其购买意愿。通过明确目标受众、真实体验展示、与观众互动、营造购买氛围和保持专业态度等技巧,以及运用开场话术、产品介绍话术、互动话术、优惠活动话术和结束话术等话术技巧,主播可以更好地进行直播销售,实现销售目标和品牌价值的提升。

项目九 直播过程优化

学习目标

该项目的学习目标是使学习者能够全面了解并掌握直播过程中的关键要素和策略，以提高直播质量、吸引更多观众并增强直播的商业效益。具体包括：

1. 理解直播互动与粉丝管理的重要性，学习如何有效地与粉丝互动，提高直播的参与度和黏性，以及如何进行粉丝管理，建立稳定的粉丝群体。

2. 掌握在直播过程中可能出现的问题及相应的解决策略，包括技术故障、突发事件等，以保证直播过程的顺利进行和观众良好的体验。

任务描述

1. 如何有效地与观众互动，包括互动形式、互动工具的使用和互动环节的设计。掌握粉丝管理的重要性，包括粉丝群体的分类、维护和发展策略。

2. 识别直播过程中可能出现的问题，如技术故障、网络问题等。学习应对突发问题的应急措施和解决策略，确保直播过程的顺利。

任务1 直播互动与粉丝管理

一、直播互动概况

直播的功能并不囿于信息传播的单一需要，其最终落点在于完成不同层次的准社会交往关系构建：微观情境—个人化直播—人际交往；复合情境—复合型直播—复合型交往；宏观情境—仪式性/事件性直播—群体交往。在直播间，看似扁平化的社交关系中实则存在着粉丝等级现象。从视觉符号来看，忠实粉丝、普通粉丝和普通观众存在着明显差异。

每个粉丝团成员都会有代表该粉丝等级的特殊符号，无论是在直播的弹幕互动区域，还是在其他直播间，又或者在粉丝群交流的公屏上，都会突出显示，其他人能直观可见。主播作为权力结构的核心在直播间里持续进行着维护既有粉丝和新粉丝的运作机制，在这个机制中，粉丝们可以平等地观看主播，并且可以接触到他们的个人特色。然而，粉丝们的媒介体验满意度会因他们与主播的关系圈的不同而发生改变。对于那些不熟悉直播间的新粉丝来说，他们可能会想尽快适应这个环境，并且在面对以主播为核心的公认性话语时，可能会表现出最初的顺从和遵守。直播间被视为一个以主播为核心的空间，它赋予了主播一种神秘的权力，这种权力在日常生活中无处不在，以象征的方式存在。

粉丝群中的互动仪式可以使社群中的成员实现等级和权力的分层。社群中的高度参与者，通过仪式获得权力，影响他人的行为。位于粉丝群边缘的参与者，被动地接受控制；两级之间的参与者，影响力居中。粉丝群中一个典型的权力分层仪式就是当粉丝团等级高的成员出现或者发言时，其他粉丝就会紧跟其后参与进来。在不同的主播的粉丝群，每位粉丝都挂着属于这个直播间的粉丝灯牌，显示着该粉丝的级别。有时候，一个灯牌级别高的粉丝的留言，在直播间的影响力仅次于主播甚至高于主播。

通过粉丝群内的议程设置，能够形成仪式所需要的共同关注。每当主播开播之前，粉丝群就会热闹起来。为了聚集人气，主播的管理员会在粉丝群进行预热，包括今晚主播要播出的内容、PK 的对象、大家关注的话题，等等。

观看过程中，主播的粉丝群会预先将注意力共同聚焦于观看前所形成的共同焦点。此时，观看行为实质上是一种检验，检验现实的直播进展与群体想象之间的差距。差距极大或极小都可能引起粉丝群内情感能量的爆发，从而引起集体欢腾。在直播过程中，粉丝可以通过直播间评论区留言、发弹幕、刷礼物、连麦等方式，实时表达自己的情感。粉丝的情感表达可以从两种不同的角度来看待：一种是抒情，另一种则是吐槽。通过抒情的方式，参与者们可以感受到社群中其他成员的情感，从而更好地融入整体氛围，增强集体的情感能量。在主播下播之后，粉丝也可能意犹未尽，在粉丝群持续进行情感表达与共鸣。

粉丝群的准入机制与身份认同机制，设定了仪式的准入门槛。互动仪式的进行，要求仪式参与者必须明确地知道哪些人参与了仪式，哪些人属于局外人。主播粉丝群的身份认同机制，可以帮助辨认粉丝属于哪个层级。根据加入粉丝团的时间和支持的力度，每位主播粉丝团成员都有对应的灯牌级别，不同灯牌级别的粉丝，根据主播创立的粉丝群的入群条件，即可以申请加入不同的粉丝群，如图 9-1 所示。

图 9-1 抖音平台不同等级的粉丝群

主播粉丝群另一个重要的准入机制就是群内所使用的话术。例如，根据不同主播的直播风格，对于常来直播间观看支持的粉丝，会给出一些亲切的昵称，熟悉的粉丝大多也能对应上。比如"管家""司令""班长""学习委员""班代表"，等等，这些昵称也是一种熟络与亲密关系的体现。群体外部的人对此若不熟悉，往往难以融入社群内部的对话中。粉丝群中的人通过察觉群体外部的人的"失范"，从而辨别出其不是仪式的参与者。往往灯牌级别越高的粉丝，对主播的关注和支持也就越多，在了解和制造主播的"话术"上也更为强势。粉丝的成长路径详见图 9-2。

粉丝成长路径图

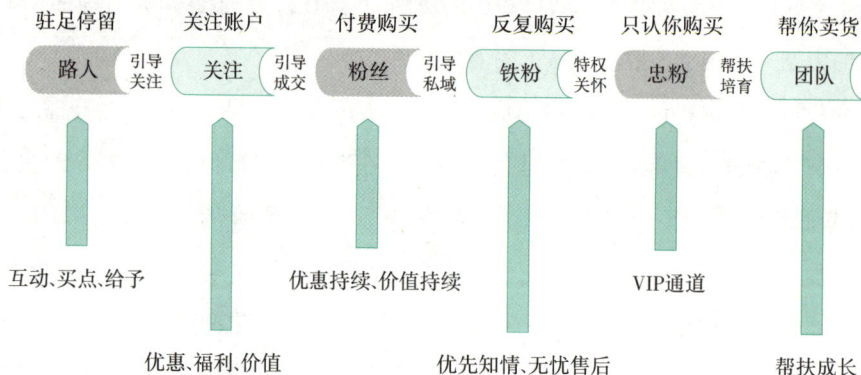

图 9-2 粉丝成长路径

二、直播间互动玩法

（一）在线人数不超过 100 人的新直播间

新直播间前期，在线人数少，不管播什么，除了食品类，最好用的就是孤品模式，即产品单款单件。主播每介绍 1 个产品，就给出一个编号，用户拍下产品时备注主播给出的编号。这种方式并没有错，但对于新直播间来说，前期粉丝数量很少，如果用这种方式效果可能不会太好。这时，可以采用派发红包的方式来提升直播间的人气。记住，一定要让用户进入粉丝群，在粉丝群派发红包。

（二）在线人数超过1 000人的直播间

对于在线人数超过1 000人的直播间，或不适合运用粉丝群的直播间，主播可以通过支付宝派发红包。这样做可以增加直播间的互动量，引导用户关注主播，同时可以增加用户的停留时长和直播间的转发量。

抽奖的环节设置包括签到抽奖、问答抽奖、点赞抽奖、秒杀抽奖，可以通过口播、小喇叭公告、小黑板等多种组合方式说明抽奖规则和参与方法，明确抽奖的参与方式。可以用点赞量达到某个标准为开始抽奖的规则，避免整点抽奖。主播可以提醒用户刷指定的弹幕和评论，以活跃直播间的氛围，然后启动后台抽奖界面，提醒用户关注主播，提高中奖概率。抽奖要有节奏，抽奖一次以后，需要先公布中奖用户，并告知下一次的抽奖条件，以延长直播时长，增加粉丝量。

账号导粉是指引导自己的粉丝关注其他主播的账号，对方也会用同样的方式回赠关注，互惠互利。在引导关注时，主播可以与对方主播交流，也可以点评对方主播，给自己的粉丝关注对方的理由。同时，主播还可以引导自己的粉丝去对方的直播间抢红包或福利，带动对方直播间的氛围，从而实现共赢的目的。

连线PK的形式通常是两个主播的粉丝为自己的主播刷礼物或点赞，以刷礼物的金额或点赞数判决胜负。这种方式更能刺激粉丝消费，活跃直播间的气氛，提升主播的人气。

为了将直播间的氛围提升起来，主播可以通过一些性价比较高，或者一些超低价、物超所值的福利款商品，激发用户的互动热情，并让用户养成守候主播开播的习惯，从而增强用户黏性。

直播间在进行福利款商品活动的时候，主播一定要对福利款商品有深入的了解，最好能够亲身体验，否则后期可能导致一系列的问题。主播在直播间所说的话，一定要做到，要站在用户的角度去思考、去进行话术的准备，不能为了提高单场的销售额就言而无信，要以用户的思维去看一场直播。

拓展训练

1. 参与感是吸引和保持观众的关键因素，设计有吸引力的互动环节可以让观众更加投入。需要考虑互动形式的多样性和创新性，以及如何让观众感到有趣和被重视。如何在直播中设计互动环节，以提升观众的参与感和互动频率？

2. 观众反馈是提升直播内容的宝贵资源，及时回应可以增强观众的满意度和黏性。需要关注如何高效收集和分析反馈，并根据反馈做出适当的调整。如何在直播时读取并回应观众的反馈，以调整直播内容，增强与观众的连接？

3.礼物和奖励是激励粉丝参与的常用手段，但需要平衡公平性和趣味性以维持良好的直播环境。需要考虑奖励的多样性和获取途径，以及如何避免过度商业化。如何运用礼物和奖励机制来激励粉丝参与直播，同时保持公平性和趣味性？

4.强大的粉丝社区可以促进粉丝之间的互动，形成良好的氛围，吸引新观众。需要思考如何培养社区文化，鼓励粉丝交流和分享。如何通过建立粉丝社区和文化来增强粉丝之间的互动，进而提升直播的粉丝基础？

任务2　直播过程中的问题与应对

通常情况下，直播的起始剧本和舞台都是由主播为其粉丝或潜在粉丝精心打造的，主播位于舞台的核心位置，致力于牢牢掌控粉丝的注意力。无论是在游戏直播、秀场直播还是电商直播中，经验丰富的主播和他们所在的平台都善于运用算法支持、社交氛围、生活习惯以及环境和空间等策略，以创造一个能够吸引粉丝参与的舞台。为了在特定的环境中完成自己的剧本，主播们常常会精心谋划每次直播的内容，以确保每一个细节都被完美呈现，并将精心打造的内容展示给观众。大多数主播为了这份有偿的工作，会通过掩饰自己的情绪，或者尝试调整自己的内心与外表的情绪，以便让观众更加深入地参与到直播中来。

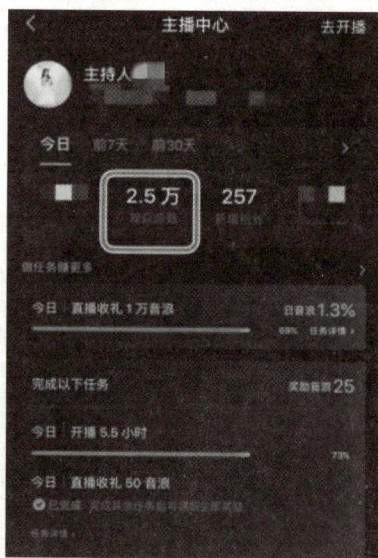

图9-3　直播总观看人数

粉丝的表现方式则更加独特，没有经过任何刻意的设计，也没有掩饰内心的感受，只以一种毫无约束、渴望建立起一段特殊联结的方式来展现。随着粉丝的积极参与，他们的评论、点赞、打赏等形成一种前所未有的互动氛围，让观众可以更加深入地认识和支持主播，从而提升主播自身的知名度和口碑。并且在这个虚拟的世界里，可以获得一种仿佛置身于实际的、充满欢笑和温馨的氛围，让观众犹如置身于现实。同时，粉丝也成为网络主播表演劳动中的另一个重要组成，粉丝和网络主播共同构成了互动式表演（图9-3）。

重要的是，表演者们始终致力于掌握他人的行为，特别是他人如何看待自己。也就是说，在直播室中，他们不断地尝试以不同形式来改变观众对他们的看法、态度和理解，这种改变和抵抗也随处可见。随着技术的发展，视频主播的粉丝群体也在迅速壮大，他们的粉丝量也在逐渐增加。他们的粉丝群体来自一个能够及时传递信息的虚拟世界，会根据他们的流量、礼物和订单来进行评估，以期与主播建立起具有情感性、控制性以及亲密性特点的拟态亲密关系。进一步地，粉丝的流量转化为直播平台资本运作的前提，粉丝群体是直播产业更是流行文化的重要组成部分，他们不仅是生产者和使用者，更是主动参与者。他们不仅可以接受主播的直播，还可以根据自身的价值观、精神取向和创造力，对原有的内容进行改变、补充和拓展，从而为直播产业的发展作出贡献。

直播过程中与粉丝的互动是提升人气和观众黏性的关键，以下是在直播过程中与粉丝互动的四个关键点。

（一）提问与回应

鼓励提问——主播可以鼓励观众在直播评论区或通过弹幕提出问题，这样既能增加互动，也能让主播了解观众的兴趣点。

即时回应——尽量实时回答观众的问题，这种即时反馈会让观众感受到被重视，从而增强与主播的联系。

（二）投票和调查

使用投票功能——多数直播平台提供投票功能，主播可以利用这一功能进行互动，比如让观众为下一个展示的产品或活动投票。

开展调查——通过调查了解观众的意见或选择，如喜好、需求等，并据此调整直播内容。

（三）互动游戏

组织游戏——举行小型游戏或挑战，如答题赢奖品、完成某项挑战等，能够激发观众参与直播的积极性。

观众参与——邀请观众参与游戏的制订或提供游戏点子，这样可以让他们感到自己是直播的一部分。

（四）礼物与奖励

感谢送礼——在直播中对送礼物的粉丝进行感谢，可以是点名感谢、展示榜单等形式，以此来鼓励更多粉丝参与。

设置奖励——设立观众互动的奖励机制，如观看时间达到一定时长可以参与抽奖，或者互动积极者有机会获得特别礼品。

总之，有效的互动需要主播具备快速反应能力和良好的社交技巧，同时也要依靠团队的支持和策划来保证互动环节的顺利进行。通过持续的互动，主播可以建立起稳定的粉丝基础，并在直播领域获得更大的成功。

拓展训练

1. 技术问题是直播中常见的挑战，它们可能损害观众体验甚至导致观众流失。需要有预防措施和应急计划来减少这些问题的影响。直播中遇到不可预见的技术问题（如直播中断、音视频不同步等）时，应如何快速有效地应对？

2. 管理观众的行为是直播中的一项重要任务，特别是避免负面言论影响直播氛围。必须找到合适的方式来处理不当行为，同时不过度打压观众热情。面对网络喷子或不当言论时，如何维护直播秩序同时保护直播间的积极氛围？

3. 对直播内容的误解或争议可能对主播的声誉和品牌造成损害，沟通策略和响应速度对于控制损害至关重要。当直播内容引发争议或误解时，主播应如何通过沟通来澄清立场并减轻负面影响？

4. 观众的期待可能因为之前的直播内容、宣传或口碑而变得过高，不切实际的期待可能导致失望，影响观众满意度和忠诚度。如何处理观众对直播内容或主播的过度期待，特别是当无法满足这些期待时？

任务总结

在直播过程中，主播可能会遇到多种问题，如技术故障、网络问题、内容失误、观众不当行为等。处理这些问题时，主播需要保持冷静和专业，对于技术或网络问题，应该提前测试设备与网络稳定性，并准备备用方案，如移动网络热点或备用设备，以便及时应对。如果发生内容失误或口误，主播可以通过坦诚的态度及时更正并道歉，同时用幽默感轻松化解尴尬局面。对于观众的不当行为，主播应设立清晰的规则，并通过适度的方式如禁言或踢出直播间来管理，保持直播环境的良好氛围。主播还可以利用团队的力量，通过助手或客服人员来分担互动管理工作，确保直播的顺利进行。

口播优化技巧

项目十 直播复盘与数据运营

学习目标

1.理解下播后跟踪落实的重要性，确保直播效果得以延续。掌握有效的客户维护方法，如定期回访、客户关怀、问题解决等，以提升客户满意度和忠诚度。学会运用客户关系管理工具或系统，实现客户信息的有效管理和跟踪。

2.掌握多种客户反馈收集渠道，如调查问卷、线上评论、社交媒体等，确保反馈的全面性和准确性。学会运用数据分析工具或方法，对收集到的客户反馈进行深入分析，识别关键问题和改进方向。理解客户反馈对于直播内容优化和客户关系维护的重要作用。

3.熟悉直播活动中常用的数据指标，如观看人数、互动率、转化率等，理解其含义和计算方法。学会根据数据指标的变化趋势，分析直播活动的表现和效果，识别潜在问题和挑战。掌握通过数据指标指导直播内容优化和策略调整的方法。

任务描述

1.了解直播活动结束后的跟踪落实、客户维护、反馈收集与分析、数据指标解读、效果评估与优化等重要环节。学员应掌握直播后如何有效地进行客户关系管理、如何通过数据分析来优化直播效果，以及如何进行直播复盘，为未来直播活动的改进提供数据支持。

2.通过实际案例进行直播复盘练习，包括回顾直播过程、总结直播亮点和不足等。运用所学知识对直播数据进行深入分析，识别问题并提出改进措施。提交一份直播复盘与数据分析报告，展示对直播后跟踪维护工作的理解和应用能力。

任务 1 直播后跟踪与维护

数字化营销的时代，带货直播已经成为电商行业不可或缺的一部分。每一场直播都承载着团队的期望和努力，然而，要想在竞争激烈的市场中脱颖而出，仅凭直播本身是不够的。

直播后的复盘，是提升直播效果、优化团队协作、完善应急措施的关键环节。本任务将详细介绍带货直播后的复盘方法，并结合实例进行深度剖析。

一、复盘的重要性

发现问题，优化流程。直播过程中，难免会出现各种问题，如产品介绍不清晰、互动环节不流畅、突发状况应对不当等。通过复盘，我们可以及时发现这些问题，并找出问题的根源，从而优化直播流程，提升直播效果。

提升团队协作。直播是一个团队协作的过程，每个成员都扮演着重要的角色。通过复盘，我们可以了解每个成员在直播中的表现，发现团队协作中的不足，并提出改进建议，从而提升团队协作的默契度和效率。

完善应急措施。在直播过程中，可能会遇到各种突发状况，如网络故障、产品缺货等。通过复盘，我们可以总结应对突发状况的经验教训，完善应急措施，确保在未来的直播中能够迅速、有效地应对各种突发状况。

二、复盘的方法

（一）直播数据收集与分析

直播数据是复盘的重要依据。在直播结束后，我们需要收集并整理直播数据，包括观看人数、点赞数、评论数、转化率等。通过对这些数据的分析，我们可以了解直播的整体效果，找出优势和不足，为后续的直播提供参考。

（二）直播过程回顾

回顾直播过程，是复盘的重要环节。我们需要仔细观看直播回放，重点关注以下三个方面。

产品介绍：产品介绍是否清晰、准确、有吸引力？是否存在遗漏或错误？

互动环节：互动环节是否流畅、有趣？观众参与度如何？是否存在互动不足或互动过度的情况？

突发状况应对：在直播过程中是否遇到了突发状况？我们是如何应对的？应对效果如何？

（三）团队协作评估

在复盘过程中，我们需要对团队协作进行评估。具体评估内容包括：

分工合作：每个成员在直播中的分工是否合理？是否存在职责不明确或重叠的情况？

沟通协作：团队成员之间的沟通是否顺畅？是否存在沟通不畅或信息遗漏的情况？

团队协作默契度：团队成员之间的默契度如何？是否存在配合不默契或相互干扰的情况？

（四）应急措施总结

在复盘过程中，我们需要对应急措施进行总结。具体总结内容包括：

突发状况类型：在直播过程中遇到了哪些类型的突发状况？

应对策略：我们是如何应对这些突发状况的？应对策略是否有效？

改进措施：在未来的直播中，我们应该如何改进应急措施？有哪些新的应对策略可以尝试？

拓展训练

1. 某淘宝店铺计划做一场"店庆五周年"直播活动，尝试为其撰写直播脚本。

2. 论述如何分析淘宝直播间数据。

任务2　直播效果评估与优化

一、直播数据指标解读

随着互联网的飞速发展，直播行业已成为一个不可忽视的新兴产业。对于直播平台、主播以及品牌方而言，如何准确解读直播数据指标，从而优化直播内容、提升用户体验和营销效果，成为亟待解决的问题。本任务将详细解读直播数据指标，帮助大家更好地理解直播数据的价值。

网络主播数量的不断增长，使得直播平台很难有针对性地和所有的主播建立合作关系，从而实现有效的分级管控。此外，由于越来越多的企业开始向直播平台投放广告，使得这些企业很难和众多的主播建立有效的联系。随着供求失衡的加剧，直播行业的出现为多边市场的发展提供了新的机遇，成为一个中间环节，发挥了重要的作用。

（一）观看数据解读

观看人数增长趋势：通过分析观看人数的增长趋势，可以了解直播间的热度和吸引力是否在持续提升。如果观看人数呈现稳定增长的趋势，说明直播间的内容和质量得到了用户的认可；如果观看人数下降，则需要及时分析原因并调整策略。

观看时长分布：通过分析观看时长的分布，可以了解用户对直播内容的兴趣程度和黏性。如果大部分用户的观看时长较短，说明直播内容可能缺乏吸引力或节奏过快；如果大部分用户的观看时长较长，则说明直播内容质量较高，能够吸引用户持续观看。

（二）互动数据解读

弹幕数量与互动质量：弹幕数量可以反映用户的参与度，但并非弹幕越多越好。过多的弹幕可能导致用户无法看清直播内容或影响观看体验。因此，需要关注弹幕数量与互动质量的平衡，鼓励用户发表有质量、有深度的弹幕内容。

点赞数与用户认可度：点赞数可以反映用户对直播内容的认可程度。如果点赞数较高，说明用户对直播内容较为满意；如果点赞数较低，则需要反思直播内容是否存在问题或需要改进。

（三）转化数据解读

关注数与粉丝基础：关注数可以反映主播或直播间的粉丝基础。拥有庞大的粉丝基础是主播或直播间实现商业价值的重要前提，因此需要关注关注数的增长趋势和粉丝基础的稳定性。

礼物数与盈利能力：礼物数是直播平台的重要收入来源之一。通过分析礼物数的数据，可以了解用户对主播的付费意愿和直播间的盈利能力。如果礼物数较高，说明用户愿意为优质内容付费；如果礼物数较低，则需要思考如何提升直播内容的质量和吸引力以吸引更多用户付费。

销售额与营销效果：销售额是直播营销效果的重要体现。通过分析销售额的数据，可以了解直播营销的效果和商业价值。如果销售额较高，说明直播营销取得了良好的效果；如果销售额较低，则需要分析原因并调整营销策略以提升营销效果。

在直播行业中，效果评估与优化是直播运营过程中不可或缺的一环。在复盘的过程中需要设定一些重点的问题，比如我们经常会遇到的流量问题、转化问题、货品问题、话术问题、团队分工问题、流量问题、工具的使用问题等，然后找出这些问题，一个一个地归类、解决。直播常见问题分类及解决方案，详见表 10-1。

表 10-1　直播常见问题分类及解决方案

问题分类	问题描述	解决方法
转换问题	直播间用户稳定在线 30 左右，但就是不下单。	放一些福利款产品，培养用户下单意识，主卖产品再优化卖点。
留存问题	直播间用户总是闪进闪出，停留时间太短。	优化主播留人话术，借助红包、福袋等工具。
流量问题	直播间浏览观看次数太少。	增加引流视频，直播间做数据，打开直播推荐；借助 DOU＋，FEED。
货品问题	直播间货品尺码总是断号。	跟工厂做反馈，尺码不足的产品尽量不上。

上表简单列了转换问题、留存问题、流量问题和货品问题，以及其问题描述和相对应的解决方案。

转换方面遇到的问题是直播间的用户稳定在 30 人左右，但是用户就是不下单。这个问题可以采取的解决方案是放一些福利款的产品来培养用户的下单意识，针对主卖的产品，需要去优化卖点，在下一场直播中去实践这个方法能否解决这个问题。

留存问题是直播间的用户总是闪进闪出，停留的时间太短了。解决方案是需要优化主播的留人话术，也可以借助红包、福袋这样的工具来增加用户的停留时长，在下一场直播使用这样的方法看能否解决这一问题。

流量问题是直播间的浏览观看次数太少了。解决方案是可以通过发布引流视频，在直播间刚开启的时候推荐一些引流产品来提高直播间的转化率。同时也可以打开直播推荐，借助 DOU＋、巨量千川投放付费流量来增加直播间总体的观看人数。

货品问题是直播间的货品尺码总是断号。解决方案是可以跟工厂反馈，像这种尺码不足的产品以后尽量少上，因为如果经常出现这种问题，对直播间的用户来讲是一种伤害。

以上虽然只列举了四个问题，但其他的问题都可以用这张表的形式列下来，然后想出解决方法，在下一场直播中去实践。如果不可行，再去想第二个解决方案、第三个解决方案，在这样一次又一次的优化过程中，把直播间做得越来越好。

二、复盘记录

复盘记录包括直播中的记录以及直播后的记录。直播中的记录就是在直播的过程中，需要关注引流视频的推流情况、直播推荐的打开情况、直播间的实时在线数量，UV（Unique Visitor，即独立访问用户数）价值、用户的停留时长、用户的观看趋势、用户的下单数量、用户的支付画像、粉丝团的趋势和粉丝的互动等，用来及时调整的直播策略。

在直播结束之后，需要对直播间的人气，如 PV（Page View，即访问量）、UV、平均停留时长、平均在线人数、带货转化率、GMV（Gross Merchandise Volume，即商品交易总额）进行复盘并记录到表格里，并在每场直播后对这些数据进行对比分析。分析为什么本场直播的 UV 比较高、为什么本场直播的平均停留时长比较久，是因为主播的话术问题，还是产品的问题，要不断地去优化直播间的整体流程。每场直播的复盘，总结出来的基本都是人、货、场、运营还有流量这几个问题。用一张表格详细记录好前面提到的团队复盘数据、直播间复盘数据、商品复盘数据，接下来是达成目标与预期目标的对比，把问题进行分类并找出问题对应的解决方法。最后通过直播间成交数据以及团队人员的感受来分析每场直播的优点和不足，及时做出调整策略。

总的来说，想要正确复盘一场直播，首先需要量化目标，在每场直播的过程中都要去设定目标值。然后需要对直播的完成情况进行数据分析，基础数据的汇总维度要和刚开始设定的目标值保持一致，在复盘中做好重点问题的分类，找到相对应的问题描述，并想出切实的解决方案。最后总结数据形成清单，通过大量的信息记录和基础数据同步进行分析，得出每个对应板块的结论，基本上就可以知道该怎么做调整优化了。

做直播，是一群人的并肩作战，不是一个人的单打独斗。作为操盘手需要跟团队保持同频，所以要集中复盘。将以上的结论进行数据分析，进而形成具体的执行任务，务必对应明确到具体的负责人身上。分工要明确，确保在下一场直播的时候将任务执行到位。

下面是一些关键问题的思考，希望有所帮助。

第一，在哪个时间点进行复盘比较好？

建议是每场直播都做复盘，尤其是在直播间做了专门的活动策划，或做了特殊的调整等这些时间点上做复盘。假设是商家自播，建议是按周为单位进行复盘，因为单场的数据不能作为投放的效果评估，投放数据会存在一个长效 ROI（Return-on-investment，即投资回报率）。

第二，凭借什么才有这么好看的数据？

作为操盘手记得时刻问自己，主要是凭哪些点才能够做出这样的成绩？事情的发生无论好与坏都是概率化的表现，怎么才能提高直播间持续稳定增长的概率？要懂得复盘倒推，比方说今天的货品销量非常好，可以思考缺失了哪一个点有可能就达不到这个成绩，一直往前推，在各个方面都做到精益求精。

第三，如何避免多次踩坑？

要懂得总结规律、错误、问题的类型，这样做事情才能够有实际性的进展，也能避免多次踩坑。比如说在已经知道了某个动作或者某句话术属于违规的，就要尽可能避免掉，不然就会导致直播间受到不必要的影响。

第四，学会多复盘别人。

复盘并不是只有复盘自己，也要懂得复盘别人。研究别人做得好的原因，也能尽量避免自己踩坑，可以节约很大的时间成本和试错成本，要多去复盘和对标优秀的同行。

三、直播效果优化策略

（一）内容优化

根据数据指标和用户反馈，对直播内容进行优化。例如，增加用户感兴趣的话题、提高内容的趣味性、加强内容的实用性等。同时，要注重内容的创新性和时效性，保持直播内容的新鲜感。

（二）互动优化

通过增加互动环节、提高互动质量、提升用户参与度等方式，优化直播的互动效果。例如，设置有趣的互动游戏、引导用户发表弹幕和评论、及时回应用户的反馈等。

（三）技术优化

提升直播画质、优化直播流畅度、增强直播稳定性等，从而提升用户的观看体验。同时，要关注新技术的发展和应用，如虚拟现实、增强现实等，为直播带来更多可能性。

✿拓展训练

1. 简述评价直播内容质量的标准。
2. 简述如何进行直播互动优化。

◈任务总结

在直播数据指标解读的任务中，我们熟悉了直播活动的主要数据指标，并学会了如何正确解读这些数据指标的含义和影响因素。通过对比分析不同时间段的数据和探究数据波动的原因，我们深入了解了直播活动的表现和效果。这一任务使我们更加注重数据驱动的决策，提升了我们的数据分析和应用能力。

项目十一 成功直播案例分析

学习目标

在直播行业日益繁荣的今天，成功的直播案例层出不穷，它们或凭借独特的内容吸引观众，或凭借创新的营销手段提高销量，或凭借深度的用户互动增强黏性。本项目将选取几个典型的成功直播案例进行分析，以期为其他主播和企业提供借鉴和启示。旨在探讨直播运营的核心要素、挑战及解决方案，学生将深入了解直播运营的实际操作过程，并学习如何分析、评估和优化直播运营策略。

任务描述

该任务旨在深入剖析一系列在行业内具有显著影响力的直播活动或案例，通过系统收集数据，分析直播内容、营销策略、观众互动、转化效果等多个维度，提炼出这些直播成功的关键因素与可复制的经验模式。项目任务包括但不限于：选取具有代表性的直播案例，进行详尽的背景调研；分析直播策划与执行过程中的亮点与创新点；评估直播对品牌知名度、用户增长、销售转化率等方面的实际影响；总结案例中的成功要素与潜在改进空间；最后，形成一份全面的案例分析报告，为行业从业者提供有价值的参考与启示。

任务 1 某高端奶粉品牌直播运营策划

一、项目背景

随着直播行业的蓬勃发展，越来越多的品牌开始利用直播进行产品推广和销售。某高端奶粉品牌作为婴幼儿奶粉行业的领跑者，积极探索直播运营的新模式。

该品牌拥有 5 大核心专利配方，产品定位高端。在直播运营方面，品牌与赛诺贝斯合作，搭建了小程序与直播全栈运营方案。

二、实施策略

品牌精选优质产品，确保产品质量和安全性。同时，准备专业的展示道具和宣传资料，为直播做好充分准备。主播团队在直播前进行状态调整，确保以最佳形象出现在观众面前。

结合节日氛围：在策划直播活动时，要充分考虑节日的特点和氛围，将节日元素融入直播内容，增强活动的吸引力和观众的参与感。

加强互动环节：通过设立问答、抽奖等互动环节，增加直播的趣味性和观众的参与感。同时，要确保主播具备足够的专业知识和沟通技巧，能够准确解答观众的问题和提供优质的服务。

推出限时优惠：在直播期间推出限时优惠活动，营造紧迫感，刺激观众尽快做出购买决策。同时，要确保优惠政策的合理性和可行性，避免引起不必要的纠纷和投诉。

销售技巧与客户心理把握：直播中，品牌运用限时优惠、互动问答等销售技巧，吸引观众关注和购买。同时，通过专家讲解、产品演示等方式，精准把握客户心理，提升销售转化率。品牌设计了多种互动形式，如点赞互动、答题竞猜、抽奖等，提升观众参与度和活跃度。同时，注重直播的画质、流畅度和音质等用户体验要素，确保观众获得良好的观看体验。

三、数据与反馈分析

品牌建立了完善的数据监控机制，实时跟踪直播观看人数、互动次数、转化率等关键数据。同时，积极收集用户反馈，不断优化直播内容和运营策略。品牌直播运营的成功要素包括优质产品、专业团队、精准定位、丰富互动等。从案例中获得的宝贵经验包括注重用户体验、优化销售技巧、加强数据监控等。该品牌在直播运营方面取得了显著成效，提升了品牌知名度和销售额。未来，品牌将继续探索直播运营的新模式和新方法，以更好地满足消费者需求和市场变化。

任务 2 某 4S 店节庆促销直播活动策划

一、项目背景

一家专注于中型家用车的汽车经销商，拥有广泛的客户基础和良好的市场口碑。

二、实施策略

节庆主题设计：在重要节日如春节、中秋节等，策划与节日氛围紧密结合的直播促销活动。例如，春节期间的直播可以围绕"回家过年，选辆好车"的主题展开，中秋节则可以推出"月圆人团圆，购车更优惠"的活动。通过节日元素的融入，增强活动的吸引力和观众的参与感。

互动环节设置：直播过程中，设置多轮问答环节，邀请观众提出关于汽车性能、购车政策等方面的问题，主播即时解答，增加直播的互动性和观众的参与感。设立抽奖环节，观众通过参与互动有机会获得精美礼品或购车优惠券，进一步激发观众的参与热情。

优惠福利派送：在直播期间推出限时优惠活动，如购车折扣、金融政策优惠、购车赠品等，刺激观众在直播间直接下单。设定明确的优惠期限和数量限制，营造紧迫感，促使观众尽快做出购买决策。

三、成效反馈

参与度和情感共鸣：通过节庆主题的策划和节日元素的融入，成功吸引了大量观众的关注和参与。观众在直播间感受到了浓厚的节日氛围和经销商的用心服务，进一步增强了与品牌的情感联系。

信息透明度和购买决策：直播过程中的实时互动环节，有效提升了信息的透明度。观众通过提问和主播的解答，对汽车产品有了更深入的了解和认识。这种信息透明度的提升有助于观众更快地做出购买决策。

转化率提升：限时优惠活动的推出和抽奖环节的设立进一步激发了观众的购买欲望。许多观众在直播间直接下单购车或咨询购车事宜，有效提升了转化率。

任务 3　罗某浩的电子产品直播

罗某浩作为科技圈的知名人士，其电子产品直播也备受关注。在直播中，罗某浩不仅展示了产品的特点和优势，还分享了自己对科技产品的独到见解和使用体验。他的直播风格幽默风趣，吸引了大量科技爱好者的关注。通过与品牌商的合作，罗某浩成功地将直播流量转化为销售成果，为品牌带来了可观的收益。其直播以高客单价电子产品为主，如手机、智能家居、办公设备等，单场 GMV（成交总额）多次破亿，并形成了"科技 + 幽默 + 情怀"的差异化直播模式。

一、实施策略

硬核科技 + 娱乐化表达：将枯燥的科技参数转化为通俗易懂的语言，结合幽默段子和自嘲（如"行业冥灯"梗），降低用户理解门槛。设置"产品对比实验"环节（如防水测试、跌落测试），直观展示产品性能。在推广一款三防手机时，直播中直接用水冲、摔手机，用视觉效果强化卖点。

精准选品与高性价比策略：聚焦高需求、高利润的科技产品（如智能硬件、办公设备），避开低客单价红海竞争。通过供应链优势争取独家优惠或赠品（如"买手机送 1 年碎屏险"），提升转化率。某次直播中，一款投影仪因"全网最低价 + 24 期免息"成为爆款，单品销售额超 5 000 万。

多平台联动与流量运营：直播前在微博、DY 等平台发布悬念短视频（如"明天有个大新闻"），吊足观众胃口。与品牌方联合造势，例如提前泄露部分参数，引发科技媒体讨论。某手机品牌合作直播前，通过微博话题 # 罗某浩挑战行业底价 # 预热，直播观看量超 2 000 万。

二、用户反馈深度分析

（一）正向反馈（优势总结）

"讲解专业，参数对比清晰"（科技爱好者认可）。

"优惠力度大，比官网便宜"（价格敏感用户主导购买）。

"直播有趣，不像传统推销"（娱乐化表达吸引泛人群）。

（二）负面反馈（优化方向）

库存与备货问题：热门机型常秒罄，引发用户不满。

建议：提前与品牌方锁定库存，或设置"预售 + 分批发货"模式。

内容门槛较高：非科技粉丝反映"听不懂 CPU 参数"。

建议：增加生活化场景演示（如"打游戏不卡顿""拍照更清晰"）。

售后服务响应慢：部分用户投诉退换货流程较长。

建议：直播中明确售后政策，并安排专属客服通道。

拓展训练

1. 提供一份真实的或模拟的直播数据报告，包括观看人数、互动率、转化率等关键指标。识别直播中的亮点与不足，并提出针对性的优化建议。

2. 探索并设计创新的直播形式或内容，如结合 AR/VR 技术、融入游戏化元素、开展跨界合作等，旨在打破传统直播模式，提升观众体验。

项目十二 模拟运营训练

学习目标

　　假设你是一家时尚美妆品牌的直播运营专员，你的任务是通过跨平台直播策略来推广品牌的新产品系列"璀璨星辰"彩妆套装。你需要制订一套跨平台直播计划，并利用抖音、淘宝、小红书等平台，实现品牌曝光、产品销售以及用户互动的目标。

任务描述

1. 设计一个跨平台直播方案，明确每个平台的作用和直播内容。
2. 预测并计算直播活动的预期收益，包括销售额、用户增长和互动数据。
3. 制定直播前后的宣传和推广策略。
4. 策划至少一场与知名美妆博主或明星合作的直播活动。

任务 1　分析直播运营案例

一、案例背景

　　假设我们要分析的直播平台名为"××直播"，该平台以娱乐、游戏、教育等内容为主，吸引了大量用户。在过去的几年里，"××直播"凭借其独特的运营策略，成功在竞争激烈的直播市场中脱颖而出，成为行业的佼佼者。

二、案例分析

　　目标定位："××直播"注重内容的多样性和个性化，覆盖了娱乐、游戏、教育等多个领域，满足了不同用户的需求。该平台主要面向年轻用户群体，特别是"90后"和"00后"，他们喜欢新鲜、有趣、互动性强的内容。

运营策略："××直播"不断推出新的直播内容，如独家游戏赛事、明星见面会、在线教育课程等，吸引用户的关注。该平台注重主播的培养和扶持，通过提供专业的培训、资源支持和激励机制，帮助主播提升人气和影响力。"××直播"通过弹幕、评论、点赞等互动方式，增强用户与主播之间的互动，提高用户的参与感和黏性。该平台与各大社交媒体、游戏厂商等合作，通过跨界营销、联合推广等方式，扩大品牌影响力和用户规模。

技术支撑：为了提升用户的观看体验，"××直播"采用高清画质技术，确保直播画面的清晰度和流畅度。利用大数据和AI技术，对用户的行为和兴趣进行分析，实现个性化推荐，提高用户满意度和黏性。

挑战与解决方案：随着竞争对手的增多和市场的饱和，如何保持用户的持续关注和黏性成为"××直播"面临的重要挑战。一方面，该平台继续加强内容创新和主播培养，提升直播内容的质量和吸引力；另一方面，通过优化用户体验和营销策略，提高用户的参与感和忠诚度。

三、案例总结

通过对"××直播"的案例分析，我们可以总结出直播运营的核心要素包括内容创新、主播培养、用户互动和营销策略等。同时，我们也看到了直播行业面临的挑战和机遇。在未来的发展中，直播平台需要不断适应市场变化和技术进步，加强创新和优化运营策略，以保持竞争优势和持续发展。

拓展训练

1.仔细阅读案例背景和分析内容，理解"××直播"的运营策略和成功之处。

2.结合所学知识，分析"××直播"在运营过程中可能遇到的问题和挑战，并提出相应的解决方案。

3.撰写一篇不少于800字的案例分析报告，报告应包括以下内容：案例背景介绍、运营策略分析、面临的挑战和解决方案、案例总结和个人见解。

4.报告应条理清晰、逻辑严密、语言通顺，能够全面、深入地分析"××直播"的运营策略和成功之处。

任务2　模拟运营美妆品牌

一、方案设计

分析每个平台的特点和用户群体，确定最适合"璀璨星辰"彩妆套装的直播内容和形式。设计直播时间表，确保覆盖不同平台的用户活跃时间。制定直播内容大纲，包括产品介绍、使用方法、用户互动环节等。

二、预期收益预测

基于历史数据和平台特性，预测直播活动的潜在销售额。评估直播活动对品牌知名度提升和用户增长的影响。设定直播互动目标，如点赞、评论、分享等，并预测达成情况。

三、宣传与推广策略

设计直播前的预热海报、短视频等宣传素材。制定在社交媒体、官方网站、线下门店等多渠道的宣传计划。策划直播后的内容回顾和二次传播，延续活动热度。

四、合作策划

选择至少一位与品牌调性相符的知名美妆博主或明星作为合作伙伴。协商合作细节，包括直播时间、内容、费用分配等。策划与合作伙伴的互动环节，如问答、抽奖等，增加用户参与度。

抖音平台：发布"璀璨星辰"彩妆套装的短视频预告，展示产品亮点和使用效果，引发用户兴趣。直播时邀请知名美妆博主进行试色和妆容教学，设置互动环节，如评论、抽奖等。

淘宝平台：在品牌旗舰店内开设直播间，进行产品详细介绍和优惠活动推广。设置限时抢购、满减等促销手段，刺激用户购买欲望。

小红书平台：分享彩妆套装的搭配建议和妆容灵感，与粉丝进行实时互动。直播后可发布妆容教程和心得分享，吸引更多用户关注和购买。

提交一份详细的跨平台直播运营方案，包括平台选择、直播内容、时间安排、预期收益预测、宣传与推广策略以及合作策划等内容。同时，附上直播活动的实际执行情况和效果评估报告。

五、某美妆博主直播效果评估与优化

（一）背景

某美妆博主在直播平台上进行美妆教程分享，但近期发现观看人数和点赞数有所下降。

（二）评估

通过数据指标分析发现，观看人数和点赞数下降的主要原因是直播内容缺乏新意，且互动环节较少。用户反馈也提到希望看到更多新颖的美妆教程和有趣的互动。

（三）优化策略

内容优化： 增加新颖的美妆教程内容，如季节妆容、节日妆容等；同时结合当下热门话题进行内容创作。

互动优化： 设置有趣的互动环节，如观众投票选妆容、观众提问解答等；引导观众发送弹幕和进行评论，增加用户参与度。

技术优化： 提升直播画质和流畅度，确保用户能够享受到高质量的观看体验。

效果： 经过优化后，该美妆博主的直播观看人数和点赞数均有所回升，用户反馈也更加积极。在实际操作中，要结合自身特点和市场需求，制定针对性的评估与优化策略，不断探索和创新直播运营模式。

✿拓展训练

1. 选取一款国货美妆产品，进行市场调研，分析目标消费者需求与竞争对手情况；制定品牌定位与产品线规划，包括产品名称、包装设计、功能特点等。

2. 设计营销策略，包括社交媒体推广、KOL 合作、线上线下活动等；编制预算并进行成本控制，确保营销效果与投入产出的最优化；模拟销售过程，包括订单处理、客户服务、售后反馈等环节。

3. 评估运营效果，通过数据分析与市场调研，总结成功经验与改进空间。

◈任务总结

在当今日益繁荣的直播行业中，直播过程优化显得尤为重要。本项目旨在通过系统介绍直播互动与粉丝管理、直播中的问题应对、主播筛选与培养、主播合作关系的建立与维护、直播内容创意与策划以及多平台直播运营策略等内容，帮助学生掌握直播过程优化的核心技巧和方法，提升直播效果和用户体验。通过对多个典型且成效显著的直播活动进行深入剖析，提炼出其在策划、执行、互动、推广及后续转化等方面关键的成功要素与策略，为直播从业者提供了一套可借鉴的操作框架与实战智慧，旨在帮助其优化直播流程，提升观众参与度与品牌影响力，最终实现商业价值的最大化。

附录 短视频与直播伦理法规

学习目标

该附录学习目标在于掌握直播伦理的基本概念、原则和规范，认识到伦理问题对直播行业健康发展的深远影响。培养学生辨别直播内容、主播行为、平台运营等方面存在的伦理风险，例如虚假宣传、侵犯隐私、网络暴力等。学习如何构建直播伦理规范体系，加强平台监管和行业自律，提升职业素养，引导观众理性参与，共同营造清朗的直播环境。

任务描述

该附录旨在深入剖析短视频与直播运营中的伦理道德议题，直播在为网民提供轻松、便捷、有趣的信息获取方式的同时，也影响着网民积极的思想观念和价值观念，这一点不容忽视。因此，如何有效利用直播进行积极的社会互动，辩证地看待短视频在网上创造美好生活的价值和现实生活中的困境，并思考解决策略，以净化网络传播的生态环境，是非常重要的。从意识形态工作的角度看，在当前短视频与直播热潮的背景下，分析网络意识形态的风险，并寻找解决途径，是非常迫切的。

一、短视频与直播生产风险防范与伦理法规概述

习近平总书记强调，对突出的诚信缺失问题，既要抓紧建立覆盖全社会的征信系统，又要完善守法诚信褒奖机制和违法失信惩戒机制，使人不敢失信、不能失信。直播带货，虽然其经营形式是直播，但最终交易的仍然是商品。在经营环境中，不管营销技术怎样迭代、渠道怎样更新，直播带货仍是市场营销行为，我们在直播带货时都应该坚持诚信的价值取向。尤其是"食以安为先"，真实准确的营养标注是食品安全的重要保障，也是消费者知情权的重要组成部分。低标乱标不只是不诚信行为，更是对消费者不负责任。

从微观环境来说，直播电商的主播团队所带"货"的质量到底好不好，过不过关？还是

需要主播们在带货前亲身体验一下，把好质量关、把好"诚信"关。从宏观角度来说，直播经济也是"口碑经济""信任经济"，从业者的守法、诚信才是其发展壮大的基石。所以我们不仅要打造完整的产业链，还要打造信任链、信誉链，促进整个网络直播行业摆脱直播乱象、健康发展。因为直播带的不仅仅货，更是诚信。

二、短视频与直播生产风险的定义、表现

短视频和直播的风险，也即内容行业的范式转变所导致的质量和效率的缺失，具体表现如下。

（一）行业范式的缺失导致了内容质量的不均衡

在目前的市场体系中，流量就是资本。在平台发展的早期阶段，平台主要依靠创作者的内容生产来吸引流量。由于大多数草根创作者缺乏自律意识，一些带有低俗和抄袭成分的内容制作流入市场，产生了负面影响。此外，由于一些平台疏于管理，平台上也充斥着侵犯版权的内容，严重损害了原创作者的利益。比如，为吸引公众眼球进行的视频内容造假。2018年8月，雅加达亚运会期间的"杨某平暴打日本人"的短视频，引发平台数千万次的转发量，瞬间登上各大平台热搜，结果却证明是杨某平等人凭空虚构的内容。

这一事件再次印证了我们身处一个"后真相"时代。亚运会期间，"暴打日本人"这一行为调动了很多中国人的情绪，一时间迅速引爆舆论场，杨某平也迅速走红。事实上，事后有业内人士公布了两人赛前排练的视频，称"暴打"日本人只是一段表演，以娱乐为主。

此外，低俗信息泛滥、道德缺位也带来诸多问题。低俗现象属于市场自由竞争中的道德缺位，目的在于迎合受众心理，攫取流量红利。受到泛娱乐化趋向的冲击，加之视频时长的限制，相较于许多高质量的文化内容，大量劣质的歌舞、搞笑段子等内容更容易转换成抖音短视频，霸占抖音的内容生态，"劣币驱逐良币"。

比如，被央视和新华网点名批评的"社会摇"，网红在视频中晒豪宅、豪车、私人飞机、小弟众多一呼百应等内容引发未成年人的竞相效仿，甚至因此引发了围殴事件，造成恶劣的社会影响。另一些为了传播效果的恶搞、危险动作视频也给社会带来不安全因素。据湖北经视报道，武汉一名男子和自己两岁的女儿尝试抖音"高难度"动作，结果出现意外，孩子脊髓摔成重伤。

（二）狂欢化的泛滥导致了过度美化

鲁迅在《再论雷峰塔的倒掉》中说：悲剧将人生的有价值的东西毁灭给人看，喜剧将那

无价值的撕破给人看。在短视频与直播领域，流行的喜剧大多流于表面，没有营养，文化重心不断下移，内容生产只注重营造视频效果的景观，人们在观看和笑过之后只能保持沉默和空白。狂欢文化渗透到整个传播领域，市场上充斥着各种无厘头的视频，短视频领域只在表面风平浪静，其背后却暗流涌动。

（三）陷入利润旋涡，滑入资本深渊

视频与直播利益相关者的收入与他们视频的点击量挂钩。在利益的驱使下，内容生产者不再希望通过长期低效的高质量制作来吸引观众，而是要获取短期高效的爆炸性利润。资本入侵导致了短视频市场上的消费激增，创作者的逐利思想在他们制作的视频中根深蒂固，在不知不觉中破坏了观众的价值观。正如涵化理论所言，社会将消费视为核心意识，在社会中形成逐利文化，将短视频的生态推向了资本的深渊。

三、短视频与直播生产平台的风险管理与防范措施

在网络传播领域因互联网技术而蓬勃发展的同时，短视频与直播领域的社会责任也必须被重视起来。短视频媒体和传播行业迫切需要履行其社会责任。平台在企业社会责任方面可以发挥关键作用，而内容创作者、监管者和其他方面也需要共同努力。

（一）加强网络媒体内容的生产

高效、便捷是网络媒体传播的特点，但网络媒体不能因此放弃媒体传播的真实性。短视频中出现的虚假新闻、暴力内容、违反法律道德等不良信息会对用户产生不良影响，严重阻碍健康生态网络环境的营造。为防止网络短视频与直播成为不实信息的垃圾场，必须大力保护信息的真实性。提升版权和责任意识，鼓励原创，支持和鼓励作者。在此背景下，短视频平台和公众账号公司应充分履行其核心义务，加大对原生媒体用户作品的审核力度，防止充满虚假信息的视频传播。自媒体内容创作者也应树立责任意识，对自己制作的内容负责。监管部门应加大监管力度，规范行业的有序健康发展。

（二）加强对行业平台的监管

平台是由经济利益驱动的，它们受利益驱动，这本身并不是坏事，但在追求利益的过程中，不能忽视社会责任。短视频平台的主体应积极响应国家号召，遵守国家法律法规。加强技术研究，实现人工智能审核，同时组建专业审核团队进行人工审核。要稳步增加团队审核人员数量，实现"机器＋人工"的双重审核机制。确保用户上传的作品，经过严格审核后在平台上发布。

此外，平台应严格遵守其监管和法律义务，并做到行业自律。应加强对内容发布者的审查，完善对内容创作者的评级制度，防止违法违规现象的出现，并鼓励用户参与平台的监督和治理，以实现多方参与和共同监督。过去，国家通过监管约谈和行政罚款，陆续防止了短视频领域的低俗内容和版权侵权等行业失范现象。从长远来看，强有力的监管措施将促进该行业的积极发展，也能促进平台和内容生产者之间的良性竞争。这将保证短视频行业有一个文明、有序、健康、可持续的发展环境。

（三）加强对平台的风险提示

平台主管部门应加大技术研发力度，更新系统，推出在线风险预警系统，加大对有潜在危害内容的风险提示，提醒用户在观看视频时不要模仿，增强风险意识。如果发现用户长时间观看视频，手机的用户界面应出现弹出信息，提醒用户观看时间过长，建议用户休息一下，避免过度观看。这是一种更全面、更有效地加强用户保护和控制的方式。

（四）创造社会价值的治理

2018 年以来，越来越多的公共机构开始在短视频平台开设官方账号。那些已经开设账号发布内容的主流媒体机构应牢记使命，继续发挥在新媒体平台上的重要的耳目和引导作用。通过整合创新形式，做好自身定位，传递价值；做好平台主题的确定和社会价值的管理，完善社会价值的思想建设。为此，短视频平台还应该提供"短片 + 政务"的传播渠道，积极与政府官方机构合作，实现政务工作从群众中来、到群众中去，使政务宣传工作容易传播到群众中去。

四、短视频生产中伦理失范行为

麦克卢汉说过，每一种新媒介的出现和使用都标志着我们已经进入一个新的时代。随着互联网技术的快速发展，短视频信息的传播已经成为一个不容忽视的重要问题。它不仅改变了人们的生产和生活方式，而且还改变了社会形态和人际关系。在自媒体时代，在"人人都有麦克风"的新时代，人们的表达渠道更加多样化，短视频已经成为日常网络信息传播的主要形式。然而，各种复杂的因素会导致短视频传播中出现一些违反道德规范的现象。从根本上说，这是因为短视频严重破坏了原有的伦理价值，在信息传播过程中失去了调节作用，从而导致一些混乱的、不规范的伦理行为出现，甚至触及法律的底线。

（一）真实性的伦理不完善：内容的真实性难以确定

技术是一把双刃剑，它在为用户提供制作的便利性和丰富性的同时，也使公众暴露在虚假短视频的侵袭之下。这种错误信息的泛滥使人们对视频传播的真实性和完整性产生了怀疑，使观众陷入"有图有真相"的困境。短视频平台上的假视频大致可以分为三种类型。

一是散布谣言炒作自己，或制造噱头吸引公众关注。例如，在 2022 年 6 月 10 日的"唐山烧烤店打人事件"中，一些博主在警方公布调查结果后仍散布谣言以吸引网友，并通过合成、拼接视频的形式传播虚假信息，进一步发酵了负面舆论。二是以非法牟利为目的，发布大量虚假或欺诈性视频，如网恋、兼职、购物等欺诈性视频。三是假粉丝、假点赞、假转发等虚假视频，旨在制造流量，以达到赚钱的目的。虚假视频的传播不仅侵犯了用户的消费权益，也损害了平台的公信力，从而破坏了健康的网络社会环境。

（二）道德伦理缺失：传播低俗信息

为了满足观众心理，获取流量红利，在自由竞争中往往会出现"劣币驱逐良币"的现象，对于短视频平台来说也是如此。为了获取流量，满足观众的好奇心，短视频中充斥着低俗、模仿和不真实的内容，导致社会道德伦理沦丧。尼尔·波兹曼曾指出，随着电视和其他媒体的冲击，成人和儿童之间的界限越来越模糊，成人的暴力正在成为娱乐，新闻和广告则针对 10 岁儿童的智力水平。尼尔·波兹曼的这种先见之明，在短视频流行的当下，更得以印证。早恋、早孕、早育这些未成年人的禁忌话题，甚至成为一些电影人的炫耀资本。

（三）法律伦理缺陷：权利被干扰侵犯

目前，法律伦理缺失主要集中在权利侵害问题上，主要包括侵犯版权和侵犯隐私。就内容的版权侵权而言，短视频的版权侵权已经成为网络空间的常态。一些用户为了节约成本，提高内容生产效率，不愿创新，采取重复使用现有的低质量材料、同质化内容吸引观众和流量，不惜成为标题党，甚至未经作者许可直接盗用、抄袭他人的作品。许多侵权案件，特别是视频版权纠纷，都与短视频行业的快速发展和竞争、行业对版权保护的法律认识不足有关。至于隐私问题，有些短视频是通过侵犯隐私的方式制作而成的。

（四）责任伦理缺失：沉迷于"电子榨菜"

虽然短视频为网民提供了丰富的精神内涵和良好的感官体验，但当他们沉迷于此，感官娱乐就会成为人们唯一的内心需求，使他们对"电子榨菜"深深上瘾。这就导致了自满和沉浸。黑格尔曾经说："世界的精神是如此专注于现实，以至于它无法向内转，无法回归自身。"如果花太多时间在短视频上，沉溺于感官的娱乐，你永远不会得到真正的幸福。

短视频虽然给人以宣泄的情感体验，却不能解决人们真正的关切和忧虑。其成瘾的原因在于：第一，短视频的碎片化形式满足了观众求新求异的心理；第二，网络式的结构和病毒式的传播方式满足了用户的社交需求；第三，互动式的分享和分散式的表达方式让观众有机会获得尊重和自我实现。自制力较弱、心智不成熟的青少年，在长期的网络体验中容易受到低俗信息的影响，影响他们正确价值观的形成。老年人由于警惕性较低，更容易受到虚假广告的误导，这些都给短视频的传播带来了伦理责任上的漏洞。因此，短视频行业迫切需要明确自己的社会责任，纠正低俗和违禁信息，在营造绿色网络空间中发挥应有的作用。

五、短视频与直播失范行为的治理措施及相关伦理法规

基于网络短视频对受众主体、社会主流文化话语的权威性和人们理性价值观的形成等多方面的影响，我们应从网络短视频传播的内容、理念、主体和方式等四个方面入手，解决网络短视频所造成的价值观困境，从而营造一个清澈纯净的网络空间环境。

（一）倡导社会主义核心价值观，提高网络短视频的内容质量

作为一种人人参与的大众文化现象，通过网络短视频传播的内容对社会整体文化的发展起着重要的引领作用。网络短视频的内容质量是其可持续发展的基础，既要有大众化的娱乐形式，又要融入抽象、严肃的社会主义核心价值观；既要符合公众利益，又要满足当今人们的价值需求。社会主义核心价值观作为一种抽象的文化概念，需要通过网络短视频以通俗的方式表达出来，才能发挥其在现实中的具体作用。因此，要解决当前网络短视频的价值困境，就要以社会主义核心价值观为指导，提高网络短视频的传播内容质量，为社会主义核心价值观提供一种生动的表达方式。

因此，短视频与直播要以社会主义核心价值观为价值引领，既要不断探索网民喜闻乐见的网络短视频形式，也要确保网络短视频所传递的思想内容的严肃性。例如，通过网络短视频呈现符合社会主流价值观念的历史解读、新闻事件、人文科学等内容，将中华优秀传统文化与时代精神相融合，将社会主义核心价值观的抽象理论与现实生活相结合。如果脱离社会现实，仅仅用空洞、乏味的抽象理论传播社会主义核心价值观，则难以达到传播效果；如果仅仅选取碎片化的日常生活来传播社会主义核心价值观，则可能会导致网民局限于琐碎的现实生活，从而使社会主义核心价值观难以充分发挥其引领作用。因此，要将抽象理论与人们的日常生活相结合，以防止社会主义核心价值观的整体性在碎片化的现实生活中被解构，从而提高网络短视频内容的质量与层次。

（二）优化主流媒体的专业制作内容，实施具有关键价值的网络短视频与直播的整合和开发

面向主流媒体的专业制作内容是一种需要专业设备和技术的内容类型。网络短视频平台可以将理论与现实生活联系起来，同时为主流媒体提供一个传播空间。近年来，伴随着自媒体的快速发展，网络短视频平台已经成为主流媒体最重要的传播渠道之一。主流媒体的网络短视频不仅要注重对时政内容的选取，更要注重对其的深度挖掘和分析。自 2018 年《人民日报》在抖音、快手等网络短视频平台上线以来，其发布的短视频获得了众多的点赞和转发，网络短视频平台已成为社会主流价值观的重要出口。

因此，主流媒体的网络短视频创作方式不仅要把专业生产内容讲得通俗易懂，而且要使观看用户能够感受到其信息内容背后的价值与意义。同时，主流媒体的网络短视频还应积极捕捉生活中正能量的内容，并以富有温度的方式和形态呈现出来。

最后，主流媒体应以循序渐进的逻辑引导网络舆论导向。在新闻、时政、社会思潮等类型的话题中，主流媒体应打破以叙事报道和影响为主的传统传播方式，提高网络短视频观看用户的参与度与互动性，激发网络短视频观看用户进行深刻审视，从而使网络短视频的信息内容富有价值和深度，同时还应提高主流媒体在网络短视频中的舆论影响力。另外，主流媒体应坚持多平台、多主体的协同合作，有效利用互联网多元化特征实现多渠道传播，从而掌握网络舆论的主导权。

（三）丰富网民原创内容创作，调动短视频网络传播的主动性和积极性

网民创作的原创内容是一种低成本的创作形式。在独立媒体时代，网民是网络短视频平台的重要主体，不仅是参与者和观众，也是其内容的主要传播者和观看者。网民的原创力不仅丰富了短视频平台的内容，也是短视频发展的重要因素。以"李子柒现象"为例，网络博主李子柒的短视频，在了解广大网民用户喜好的基础上，通过对中国美丽乡村的自然景观与中华优秀传统文化的人文关怀等视听场景的呈现，向人们展示了中华传统美食文化的魅力与质朴的中国乡村生活景象，由此得到海内外上亿粉丝的关注。作为一种新兴文化作品，李子柒的网络短视频不仅是对当下人们所向往生活的凝练与写照，而且也是让世界了解中华优秀传统文化的重要方式。

其次，坚持从"流量为王"转向"内容为王"的网民用户原创内容传播策略。以"拉面哥现象"为例，山东"拉面哥"凭借"3 元一碗拉面，坚持 15 年不涨价"的质朴语言而在各大网络短视频平台迅速走红。然而，一些网络短视频博主为追求热度而以"拉面哥"为中心无底线"蹭流量"，不仅严重影响了"拉面哥"及其家人的日常生活，而且严重侵扰了村民正

常的生产生活。

因此，为了使流量回归正途，网民用户应以"内容为王"为网络短视频的传播策略。进一步来说，以"内容为王"的网民用户原创内容传播策略，就是要在平衡网络短视频自身特征与信息内容完整二者之间关系的基础上，深入挖掘社会热点事件背后的深层内涵，有效精准地将社会主流价值观念蕴含在内容之中，用生动有趣的符号表现出来，并通过多元的传播渠道和富有新意的表达方式来传递与分享。

网络直播作为一种新型的媒体形态，在网络科技迅猛发展的带动下，其火爆程度和发展前景不言而喻。但网络直播存在的种种乱象，影响着社会大众的人生观与价值观。因此，无论是网络直播平台、社会大众还是监管部门都应正视网络直播行业发展所带来的问题，多元主体协同治理，积极传播正能量，实现网络直播生态的良性循环。

参考文献

[1] 黄耀北.网络直播语境下口语传播特征研究 [J].中国报业，2024（6）：138-139.

[2] 沈璐蓉，柳泽民.马克思主义文化观视域下网络直播文化的健康治理探析 [J].湖北经济学院学报（人文社会科学版），2024（4）：117-122.

[3] 齐志明.在加强监管中促进直播带货健康发展 [N].人民日报，2024-04-01.

[4] 武臻.网络新闻直播内容与传播优化策略 [J].中国报业，2024（9）：86-87.

[5] 杨雅，刘欢，贾贝熙.直播短视频与新型主流媒体融合：理论与实践的比较 [J].教育传媒研究，2024（3）：47-53.

[6] 孟晓丽，王吉.基于内容分析法的抖音网络直播现状研究 [J].传媒论坛，2024（11）：33-36.

[7] 刘靖，陈强.武汉网络直播发展现状及高质量发展路径研究 [J].武汉社会科学，2024（2）：52-59.

[8] 张莎莎.网络主播行业规范发展的新转向探析 [J].当代电视，2024（8）：38-42.

[9] 刘琨朗，刘扬.网络主播的话语特性：社群化·开放化·碎片化·情感化 [J].当代电视，2024（8）：30-37.

[10] 邓燕玲，高贵武.直播带货带来了什么　网络直播带货的机遇与思考 [J].新闻与写作，2020（7）：95-99.

[11] 王艳玲，刘可.网络直播的共鸣效应：群体孤独·虚拟情感·消费认同 [J].现代传播（中国传媒大学学报），2019（10）：26-29.

[12] 周勇，何天平."自主"的情境：直播与社会互动关系建构的当代再现：对梅罗维茨情境论的再审视 [J].国际新闻界，2018（12）：6-18.

[13] 袁爱清，孙强.回归与超越：视觉文化心理下的网络直播 [J].新闻界，2016（16）：54-58.

[14] 彭锦.网络直播热潮下的冷思考 [J].电视研究，2016（9）：50-52.

[15] 贾毅.网络秀场直播的"兴"与"哀"：人际交互·狂欢盛宴·文化陷阱 [J].编辑之友，2016（11）：42-48.

[16] 余富强，胡鹏辉.拟真、身体与情感：消费社会中的网络直播探析 [J].中国青年研究，2018（7）：5-12，32.

[17] 胡鹏辉，余富强.网络主播与情感劳动：一项探索性研究 [J].新闻与传播研究，2019（2）：38-61，126.

[18] 严小芳.场景传播视阈下的网络直播探析 [J].新闻界，2016（15）：51-54.

[19] 陈鹏，沈文瀚.图书数字营销的新理念和新策略：基于多模态媒介环境的应用 [J].中国出版，2024（3）：48-53.

[20] 李娇.乡村文化的数字化传承：网络直播平台的潜力与挑战 [J].文化创新比较研究，2024（3）：61-65.

[21] 张天莉.主流媒体网络直播：重聚碎片化的情境与意义 [J].融媒，2024（2）：12-19.

[22] 李文斐.基于网络直播的大学生红色经典阅读推广研究 [J].河南图书馆学刊，2024（2）：2-4.

[23] 周欣，孟艳芳.中国式现代化视域下"文旅 + 直播"的现状、困境与优化策略 [J].北京印刷学院学报，2024（2）：29-35.

[24] 卫欣.网络主播失范行为及伦理引导 [J].新闻与传播评论，2024（2）：35-46.

[25] 苏凡博.直播间虚拟礼物的流动：关系、权力与资本的再生产 [J].现代传播（中国传媒大学学报），2024（3）：161-168.